Hans Georg Ruhe

Methoden der Biografiearbeit

Lebensgeschichte und Lebensbilanz in Therapie, Altenhilfe und Erwachsenenbildung

Beltz Verlag · Weinheim und Basel

Hans Georg Ruhe, Jg. 1951, M.A., Diplomsozialarbeiter. Er studierte Sozialarbeit, Kommunikationswissenschaft, Geschichte, Soziologie und ist Referent an der Akademie der Diözese Hildesheim in Goslar, seit 1995 mit dem Schwerpunkt Berufsbezogene Fortbildung; Organisationsberater, Autor und Herausgeber.

Lektorat: Richard Grübling

Gesetzt nach den neuen Rechtschreibregeln

Herstellung: Klaus Kaltenberg
Satz: Satz- und Reprotechnik GmbH, Hemsbach
Druck: Druckhaus Beltz, Hemsbach
Umschlaggestaltung: Federico Luci, Köln
Umschlagabbildung: Rambow + van de Sand, Frankfurt a.M.
Printed in Germany

ISBN 3-407-55806-6

Ruhe · Methoden der Biografiearbeit

Inhaltsverzeichnis

Erinnern

oder: Eine Vorbemerkung

Erinnern, das ist vielleicht die qualvollste Art des Vergessens und vielleicht die freundlichste Art der Linderung dieser Qual. Erich Fried

Auf der Suche nach entschlüsselbaren Zeichen in einer immer unübersichtlicher werdenden Welt, die zwischen Globalisierungsstrategien und Individualisierungsschüben pendelt, scheint es einen Bedarf an Orientierung zu geben. Die einen begeben sich auf Sinnsuche, die anderen widmen sich der Restauration transzendenter Sehnsüchte. Dritte bemühen Esoterisches. Allen und allem ist eigen, dass das Leben geordnet oder ins Ganze eingeordnet werden soll.

Gleichzeitig ist zur Kenntnis zu nehmen, dass wir Verlust von Intimität und Vertrautheit erleben. Das Teilen und Mitteilen gelingt angesichts des Diktats schneller Veränderung und Verwertbarkeit immer schlechter. Offenbar ist unsere Fähigkeit zur Nähe lädiert und eine »Scham entstanden, Geschichten zu erzählen« (Seeßlen), weil die dafür notwendigen Räume schwinden. Gelingendes und verortetes Leben ist aber nur dort möglich, wo zugehört wird und das Zuhören Wunsch und Fähigkeit des Erzählens provoziert.

Erinnerungsarbeit ist lange als Rückschau auf politische Strukturen, die großen historischen Linien, verstanden worden. Der einzelne Mensch mit seiner Biografie kam als Herrscher oder seltener als Beherrschter, nicht aber als Subjekt, d.h. als individuell Handelnder oder Erlebender, vor.

In der Geschichtswissenschaft änderten sich die Ansätze erst im Zwanzigsten Jahrhundert. Der Mensch mit seiner Lebenserfahrung, die Versammlung der Einzelnen als »kollektives Gedächtnis« der Gesellschaft, wurde entdeckt. Plötzlich schien vieles begreifbarer, deutlicher zu werden. Immer mehr Menschen begannen, sich historisch zu interessieren.

Biografisches rückte so in den Blickpunkt. Der Buchmarkt mit Lebensgeschichten boomte. Bildungsarbeit entwickelte erfahrungsbezogene Ansätze und Methoden, die notwendigen therapeutisch-beraterischen Angebote diversifizierten sich. Die Pflege entfernte sich von den Versorgungskonzepten hin zur Subjektorientierung (mittlerweile kehrt sich der Trend unter dem steigenden ökonomischen Druck wieder um). Seniorenarbeit wandelte sich zunehmend vom betreuten »Kaffeeklatsch« zum neuen Feld der Erwachsenenpädagogik und -begegnung. Auf diesem Hintergrund wird seit einiger Zeit die Auseinandersetzung mit der Biografie nicht mehr als privatisierende Strategie verkannt. Stattdessen wird der Perspektiven erweiternde Ansatz wahrgenommen und akzeptiert.

»Methoden der Biografiearbeit« will dazu beitragen, andere Wahrnehmungen von Menschen zu ermöglichen, Annäherung zu erleichtern und angemessene Intimität zu erwirken.

Biografisches Arbeiten ist nicht neue »Disziplin«, sondern integrierter Bestandteil der Arbeit mit Menschen. Dabei geraten zuerst die älteren Menschen ins Blickfeld. Allerdings: Biografische Arbeitsansätze sind in allen Lebensphasen möglich und nötig.

Dieses Buch ist zuerst ein Methodenbuch für unterschiedliche Arbeitsfelder. Bewusst wird auf eine geschlossene Theoriedarstellung verzichtet. Der Praktiker und die Praktikerin können die Methoden wie einen Werkzeugkasten nutzen und das Angebotene weiterdenken. Die Basiskapitel und das »Glossar« sollen dabei unterstützen, Assoziationen anregen und Lust auf weitere Entdeckungen machen.

Biografisches Arbeiten ist immer Erinnerungsarbeit mit dem Blick in die Zukunft. Sie kann qualvoll sein, weil sie auch die Mühen der Vergangenheit anspricht. Sie ist freundlich, weil sie das Schwere mit dem Gelungenen in Verbindung bringt.

Lebensgeschichten

oder: Eine Biografie haben

Mein Tag wird gestern beginnen und endete morgen. Max Immerkehr

Nicht in jeder Gesellschaft muss der Mensch sein Leben thematisieren. Wer in einem Dorf in Melanesien lebe, so Hermann P. Siller, in dem alles noch seinen althergebrachten, unbefragten Gang nähme, die Gesellschaft völlig stabil sei und in sich ruhe, der sei nie nach seinem Leben gefragt worden. Er werde es auch nicht erzählen. »Es ist ohnehin allen bekannt und wird von allen geteilt, weil es von vorne herein fest geordnet ist. Was erzählt wird, ist etwas anderes: der Mythos vom Entstehen der gemeinsamen Ordnung, also so etwas wie eine kollektive Biografie. Das Erzählen einer persönlichen Biografie wäre hier sinn- und funktionslos, es hätte keinen sozialen Ort.«

Die Notwendigkeit, biografisch zu erzählen und zu arbeiten, ist gegeben, wenn das »Ich« einer Erläuterung und der Anerkennung bedarf, wenn die Gesellschaft keine selbstverständlichen Plätze zuweist oder zur Verfügung stellt. Die modernen Gesellschaften des ausgehenden 20. Jahrhunderts favorisieren aus überwiegend ökonomischen Interessen die individualisierten Unverbindlichkeiten. Der Einzelne soll bis in die soziale Grundversorgung hinein allein für sich verantwortlich sein. Selbstverantwortung ist zum Fetisch der ökonomisierten Gesellschaft, Solidarität zur steuerpolitischen Formel verkommen. Das Miteinander ist dem grotesken Diktat des Marktprinzipes unterworfen worden.

Individualisierung, Atomisierung und Isolierung führen nicht zu Klärung und Selbstdefinition, sondern zu Desorientierung, Ahnungslosigkeit und Fremdheit. Erklären können sich Menschen nur sozial. Je mehr das soziale System versagt, desto heimatloser und fremder wird der Mensch. Biografiearbeit ist überall dort möglich und nötig, wo es keine selbstverständlichen Lebenszusammenhänge mehr gibt, wo das Leben unübersichtlich geworden und die Orte des Einzelnen nicht erkennbar sind.

Menschen müssen sich ihrer selbst vergewissern, müssen einen Platz finden, der eine Begründung für ihre Vergangenheit und eine Legitimation für ihre Zukunft hergibt. Dort, wo dies immer weniger gelingt, sind »Hebammen« notwendig, d.h. Helferinnen und Helfer, die deutlich machen: »Du wirst gebraucht mit deinen kleinen Erfahrungen und deinem großen Schicksal. Du bist wichtig, weil du das Leben anderer mit deinem Leben kontrastierst, weil dein Leben

Fragen an mein Leben stellt, und weil ich dich erst dann verstehen kann, so wie du geworden bist.« Sie stützen die kleinen und großen Geschichten und helfen ihnen an die Oberfläche.

Biografiearbeit kennt unterschiedliche Ansätze, Blickrichtungen, Interessen und Arbeitsfelder. Allen ist gemeinsam, dass der einzelne Mensch im Mittelpunkt steht. Seine Erfahrungen, Erlebnisse, Urteile und Bilanzen werden für einen kürzeren oder längeren Moment herausgehoben, aus und vor alle anderen sozialen Zusammenhänge. So entwickelt sich die Dramaturgie der Begegnung.

Biografiearbeit gelingt, wenn auf zielgerichtete Vorgaben verzichtet werden kann und die Begegnenden sich allein an Mitteilungswünschen und gegenwärtigen Erfahrungen orientieren. Biografiearbeit ist aber auch zielgerichtetes Arbeiten mit (Lern)prozessen zum Beispiel in Therapie und Beratung.

Biografisches Arbeiten, insbesondere das »Biografische Erzählen«, ist keine eigene Disziplin von Bildungsarbeit, Therapie oder Pflege. Sprechen über das eigene Leben gehört zu den Grundbedürfnissen von Menschen. Es ist Selbstverwirklichung und Selbstwahrnehmung, Annahme und Integration des Individuums in sein Umfeld.

Dass Biografiearbeit in den letzten Jahren eine solche Bedeutung gewinnen konnte, ist Ausdruck eines Defizits und Symptom für die sich immer stärker ausdifferenzierende Gesellschaft, in der Spezialisten- und Expertentum auf allen Ebenen, bis in die menschliche Kommunikation hinein, gefordert und gefördert wird. Biografiearbeit spezialisiert weiter. Sie muss und will darauf aufmerksam machen, dass das Leben, das Schicksal des Einzelnen einen Wert hat. Sie ersetzt die verloren gegangene Wertschätzung, die die Gesellschaft hätte leisten müssen und räumt Plätze der Erfahrungsintegration ein. Das, was sich vormals in familiären oder nachbarschaftlichen Zusammenhängen ereignete, wird jetzt verstärkt von den Professionellen oder den Ehrenamtlichen geleistet, die diese Integrationsdefizite ausgleichen wollen. Biografisches Arbeiten tut also auch das, was sie eigentlich bekämpft: die Zersplitterung unseres Lebens in Zeitabschnitte und Erfahrungswelten. Und dennoch integriert sie. Diesem Paradoxon kann man nicht ausweichen. Es muss als Realität der Handelnden wahrgenommen werden.

Sinn

Das Thema Biografischen Arbeitens ist fast immer Sinngebung, Sinnklärung, Sinnsuche. Sinnfragen werden an den noch vorhandenen Lebensmöglichkeiten orientiert. Biografiearbeit hilft Einrichten in einer Welt, die manchmal unwirtlich erscheint, keine Plätze zur Verfügung stellt und somit das schon lange nicht mehr ist, was sie doch immer sein soll: Heimat. Im Kern ist Biografiearbeit auf Zukunft gerichtet. Indem das Vergangene wahrgenommen wird, werden Begründungen möglich, warum die Zukunft lohnenswert ist.

Kontinuität

In der Biografiearbeit geschieht Einbeziehung von Vergangenheit in Gegenwart mit Blick auf mögliche Zukunft. Rückblickend wird versucht, Lebenserfahrungen zu ordnen und ihnen Bedeutung zuzuschreiben. Die Fülle des Lebens wird deutlich jenseits allen qualitativen Messens. Ein Mikrokosmos öffnet sich.

Menschen erfahren Kontinuität. Gleichzeitig verdeutlichen sich fremd- oder selbstgesetzte Strukturen, die sonst selten wahrgenommen werden. Aus der Selbstvergewisserung und Annahme wächst Sicherheit, weil das weitere Leben kalkulierbarer, vorhersagbarer scheint. Es wird eingeordnet in das Gelebte.

Realität

Biografiearbeit ist Arbeit mit den Lebensspuren der Menschen. Entwicklungen werden verstanden. Das Erinnern ist glaubhaftes und glaubendes Erkennen eigenen und fremden Lebens, ist Anerkenntnis der Darstellung dieses Lebens.

Das ist das Spannende und manchmal Verstörende der Biografiearbeit: zur Kenntnis nehmen zu müssen, dass die Darstellung des eigenen Lebens oft wenig mit der Realität zu tun hat. Filter blenden Unerwünschtes aus, schönen das Leben. Sie bereinigen, damit das eigene Vermächtnis in der Gegenwart getragen werden kann und die Zukunft eine akzeptierte Grundlage hat.

Wirklichkeit

Menschen konstruieren ihre eigene Wirklichkeit. Das, was wir Erinnerung nennen, ist nicht Beschreibung des Vergangenen, sondern ein komplexes und kompliziertes Konglomerat der Reproduktion von vergangener Wirklichkeit, dem Erleben dieser Wirklichkeit, dem Speichern dieses Erlebens, des Zugriffs auf das Gedächtnis und der Intentionen des Zugriffs. Biografisches Arbeiten hat für den Erinnernden immer einen Zweck: Er kreiert eine ihm tragbare Wirklichkeit.

Veränderungen

Biografisches Arbeiten ist Arbeit mit und an Veränderungen. Es ermöglicht Selbstvergewisserung und Perspektivenwechsel. Wenn Bilanz gezogen wird, ist das Bilanzierte schon verändert, sind Grundsteine für Entwicklungen gelegt. Wer biografisch arbeitet, muss bereit sein, Veränderungsprozesse wahrzunehmen. Je älter Menschen werden, desto deutlicher bilden sich diese Veränderungen ab. Körperlich ist zu registrieren, was sich an Seele und Intellekt vollzogen haben mag. Gerade die körperliche Veränderung hindert ältere Menschen, die positive Seite des Altwerdens anzunehmen. Zu sehr ist die Selbstwahrnehmung vom körperlichen Zerfall bestimmt, als dass das innere Wachstum angenommen und Gewinn bringend gelebt werden könnte. Biografiearbeit hilft, die Wahrnehmung für das Tatsächliche zu schärfen. Dabei vollzieht sich Veränderung spontan oder wird intendiert. Die Wege der Veränderung entsprechen dabei den Wegen der Biografie: Nur begrenzt ist das eigene Leben steuerbar. Vieles, das begegnet, ist Schicksal und muss hingenommen, wahrgenommen und angenommen werden.

Kommunikation

Biografiearbeit ist nicht einseitig. Es gehört zu den Merkmalen von Biografiearbeit, dass es nicht Arbeitende und Bearbeitete geben kann, sondern dass die Begegnungen von beiden Seiten bestimmt werden: Vom Hörenden und vom Erzählenden, vom Darstellenden und Reflektierenden.

Bei der Biografiearbeit werden Fähigkeiten verlangt, die offensichtlich immer mehr verloren gehen: Der Erinnernde redet von sich und tut dies, wenn er gehört werden will, ohne mit Ratschlägen zu konfrontieren. Der Hörende muss sich dem Erzählenden mit Fragen nähern, die Interesse an dessen Lebenswirklichkeit ausdrücken. Der Erzählende wiederum ist auch ein Fragender. Seine Fragen machen deutlich, welche Erfahrungen er in in seinem Leben gemacht hat, welches Erfahrungswissen er besitzt. Biografisches Arbeiten braucht Neugierhaltungen, mit denen versucht wird, vorsichtig akzeptierend vorzudringen in die unterschiedlichen Lebensfelder und Erfahrungsschichten von Menschen. Sie nimmt zur Kenntnis, dass das Individuum eingebettet ist in unterschiedliche Lebensschichten. Sie will aus der Perspektive des Erzählenden wahrnehmen und gleichzeitig neue Perspektiven dadurch eröffnen, dass der je eigene Blickwinkel der Hörenden eingebracht wird. Wenn dies gekoppelt wird mit dem Rahmen der Zeitgeschichte, entsteht eine greifbare Wirklichkeit in Gespräch und Begegnung.

Fragment

Der Zuhörende ist ein Spiegel, einer, der miterleben soll, dass alles einen Sinn gehabt hat. Weil dies so ist, verträgt Biografisches Arbeiten so wenig Widerspruch, Korrektur und »Wahrheitsliebe«. Stattdessen verlangt es offene Ohren, respektierende Bejahung und einfühlendes Anfragen. Biografisches Arbeiten bedient »soziale Konventionen und Konfektionen« (Siller). Das heißt, es ist auch befangen in dem sozial Erwünschten, in den gesellschaftlichen Standards und in den vermuteten Hörwünschen. Es bleibt fragmentarisch. Nicht geschlossene Konzepte stehen im Mittelpunkt, sondern das Erleben und die Notwendigkeiten der Gegenwart.

Biografiearbeit kann konfliktreich sein für den Erzählenden wie für den Zuhörenden. Auf dem Weg der Verdichtung begegnet er sich selbst. Er spürt unter Umständen Scham, eigenes Versagen und muss mit sich entscheiden, ob er mitteilt oder verschweigt, also fragmentarisch bleiben will. Der Hörende und Handelnde hat die Aufgabe, mit Perspektivenwechseln neue Verstehensmuster zu ermöglichen. So aus dem Konfektionellen und Konventionellen ausgebrochen, kann z.B. ein scheinbares Versagen plötzlich als Lebenslogik begriffen und akzeptiert werden.

Gemeinschaft

Oft begegnen sich in der Biografiearbeit, zum Beispiel bei der intergenerativen Arbeit, unterschiedliche Lebenszeiten und Erfahrungsfelder. Sie kann zur Versöhnung fremder Welten führen. Sie ermöglicht die gegenseitige Anerkennung von Erfahrungskompetenz, schafft Selbstwertgefühl. Gemeinschaft entsteht dann, wenn der Einzelne ernst genommen wird.

Ganzheitlichkeit

Biografisches Arbeiten beinhaltet drei Dimensionen: die individuelle, die gesellschaftliche und die tiefenpsychologische Dimension. Die individuelle Dimension bezieht sich auf die Lebensgeschichte mit den so genannten harten Daten eines Menschen. Sie sind Ansatzpunkte, um zu den dahinter liegenden Erfahrungen, Begebenheiten und Erlebnissen vorzudringen. Die gesellschaftliche Dimension bettet das Individuum in sein Umfeld ein, verdeutlicht Lebenschancen und macht kenntlich, wie gesellschaftliche Ereignisse die Biografie bestimmt haben. Damit verquickt ist die tiefenpsychologische Dimension. Die seelischen Beschädigungen und Heilungen ereignen sich auf dem Hintergrund der »harten« Lebensfakten, der eigenen Leiblichkeit und der Gesellschaft. Biografiearbeit nimmt in der Regel ihren Ausgang von einer Dimension, um sich dann in die anderen auszuweiten. In diesem Sinn ist sie ganzheitlich zu verstehen.

Kollektives Gedächtnis

Biografiearbeit hat nicht nur individuelle Aufgaben, sondern trägt dazu bei, das kollektive Gedächtnis dieser Gesellschaft anzureichern. Die Geschichte erhält ein Gesicht, lädt zur Identifizierung und Auseinandersetzung ein. Individuelle Lebenslinien werden in die sozialen Entwicklungslinien integriert.

Hinweise und Haltungen

oder: Lebensspuren entdecken und verstehen

Aber rühmen wir nicht nur den Weisen
Dessen Name auf dem Buche prangt!
Denn man muß dem Weisen seine Weisheit erst entreißen.
Darum sei der Zöllner auch bedankt:
Er hat sie ihm abverlangt.

Bertolt Brecht

Biografisches Arbeiten geschieht spontan, reflexiv oder in geplanten Projekten. Die Interessen und Anlässe sind unterschiedlich, geprägt von Initiatoren und Betroffenen. Im Folgenden sollen, den Methodenbeschreibungen vorgeschaltet, Hinweise und Haltungen dargestellt werden, mit denen Biografisches Arbeiten sinnvoll möglich wird. Biografisches Arbeiten braucht den sorgsamen Umgang aller miteinander. Geschieht sie schematisch, grob intentional oder eruierend-ausbeuterisch, verrät sie das, was sie eigentlich will: das Leben des Einzelnen mitteilbar und erfahrbar machen.

Biografische Botschaften: Hinweise

Nicht geplante, spontane Biografiearbeit z.B. in der Pflege bedarf der Wahrnehmung von Signalen. Diese sind manchmal sehr klar und eindeutig (Wünsche, Aufforderung zuzuhören,) oft aber verschlüsselt und kommunikationsverschoben. Derjenige, der biografisch arbeitet, muss versuchen, die Signale zu erkennen, aufzugreifen und sie so zum Ansatz- und Ausgangspunkt der Begegnung zu machen.

Viele Menschen erzählen Geschichten ihres Lebens immer wieder und wirken aufdringlich mit ihren *Penetranzgeschichten.* Wahrscheinlich sind sie nie wirklich wahrgenommen, ist die Botschaft hinter den Wiederholungen nie verstanden worden, weil Zuhörende gelangweilt, ausweichend oder abschaltend reagierten.

Gerade bei täglichen Verrichtungen (Waschen, Speisen anreichen) stellen sich *Standardäußerungen* ein. Hier wiederholen sich Kommunikationsmuster. Man erkundigt sich nach dem Befinden, redet über das Wetter oder fragt die Qualität des Nachtschlafes ab. Kommunikative Kreisbewegungen verselbstständigen sich, wirken inhaltsleer. Sie verstellen das Ohr für das, was ins Gespräch gehoben werden könnte, aber keine Worte findet.

Auch das scheinbar Ungeordnete, das *sprudelnd Erzählte*, hat heimlich eine zielorientierte Richtung. Es will die Überfülle des Lebens deutlich machen, zeigt den Verlust von Chronologie oder sachlicher Folge als verwirrende Bilanz.

Oft stellen wir scheinbare oder tatsächliche *Gedankensprünge* beim Erinnernden fest. Ein Erinnerungssignal löst das nächste aus. Bilder tauchen auf, regen an, eröffnen Nebenschauplätze. Der Erinnernde verliert den Faden, entdeckt »Wichtigeres«. Gedankensprünge können auch Hinweis darauf sein, dass biografisches Material verschwiegen wird. Dies mag dem Erinnernden bewusst sein: Er will sich nicht preisgeben und stellt Schutz dadurch her, dass er eine andere Erinnerung aufgreift und weiterentwickelt. Geschehen diese Gedankensprünge unbewusst, wird ausgewichen, Schmerzliches verdrängt oder Beschämendes tabuisiert. Neue Erfahrungen haben alte überlagert.

Seufzende Hinweise wie »Früher hat mich mein Sohn jede Woche besucht!« sind meistens *Verschlüsselungen*, weil die dahinter liegende Botschaft nicht benannt werden soll oder kann.

Bilder, Bücher oder Schmuck bieten im Alltag Möglichkeiten nachzufragen und hinzuhören. Solche *materiellen Signale* haben Bedeutung, verbinden mit bestimmten biografischen Erlebnissen.

Manche Menschen vollziehen immer wieder die gleichen, scheinbar unsinnigen Handlungen, z.B. wird der Kleiderschrank abgeschlossen und der Schlüssel versteckt, der Teller wird immer leer gegessen und geleckt zurückgegeben. *Zwangshandlungen* sind hier ritualisierte, manifeste Erfahrungen, die Hinweise auf Verlust-, Versagens- oder vermisste Erfolgserlebnisse geben.

Manche Menschen verstummen. Sie sind nicht in der Lage sich mitzuteilen, weil sich nie jemand für ihre Biografie interessiert hat. Fragen nach dem Leben werden abgewehrt »Ach, da war nichts Besonderes!«. Das *Schweigen* über Lebenserfahrungen hat unterschiedliche Gründe. Innere Widerstände können zum Schweigen führen. Es mag den Erinnernden egozentrisch erscheinen, die eigenen Gefühle und Erfahrungen ernst zu nehmen. Sie sind es nicht gewohnt, Raum für sich in Anspruch nehmen zu dürfen. Viele Erinnerungen aber sind nur noch diffus vorhanden. Sie tauchen lediglich als Gefühl, nicht aber als etwas auf, das ausführlich beschrieben oder geschildert werden könnte. Oft sind es gerade die verdrängten verletzenden Erfahrungen, die einer komplexen Selbstzensur unterworfen wurden. Ältere Menschen vermögen oft nicht, über eigene Lebenserfahrungen zu reden, weil sie es als peinlich erleben. Sie meinen, einen Stellenwert zu erhalten, der ihnen nicht angemessen ist. Hinzu tritt: Wer über persönliche Erfahrungen berichtet, macht sich angreifbar und verletzbar. Auf mögliche Kritik kann man deshalb kaum reagieren, weil das Leben nicht korrigierbar ist. Zu rechnen ist aber auch mit der Angst, dass Vertraulichkeit gebrochen wird. So bleiben Erinnerungen, die ethischen oder moralischen Standards scheinbar oder tatsächlich nicht standhalten können, meistens ungesagt.

Biografiearbeit braucht das richtige Verhältnis von Nähe und Distanz. Manches wird erst aus dem engen Kontakt heraus verständlich, anderes durch den distanzierten Blick. Nähe und Distanz wird sowohl vom Erzählenden als auch vom Zuhörenden geschaffen. Den für beide richtigen Abstand zu finden, ist ein Balanceakt der Begegnung.

Biografische Fragen und Merkmale

Im Folgenden sollen Merkmale und Fragen aufgelistet werden, die Anhaltspunkte für die Biografiearbeit geben. Mit ihnen können Themenfelder abgesteckt werden. Sie sind ein offenes, erweiterbares System.

Ahnen: *Noch bevor Menschen geboren sind, entsteht ihre Biografie.*
- Wer sind die Vorfahren, die Ahnen?
- Gibt es einen »Stammsitz« der Familie?
- Woher erklärt sich der Name?
- Welche soziale Stellung, Berufe haben die Großeltern gehabt?

Ursprungsfamilie: *Willkommen in der großen Welt?*
- Wo war der Geburtsort, wie die Umstände der Geburt?
- Welche Position in der Geschwisterfolge ist besetzt worden?
- Wann sind die Eltern gestorben?
- Wer von ihnen ist zuerst gestorben?
- Wie waren die Beziehungen zur Mutter, zum Vater?
- Welche familiären Großereignisse haben das Leben geprägt?

Partnerschaft: *Das Glück der Begegnung erfahren?*
- Welche Partnerschaften wurden gelebt?
- Welche sind versagt geblieben?
- Konnte »Leidenschaft« für sich und andere entwickelt werden?
- Gab es die »große Liebe«? Wurde sie gelebt?

Eigene Familie: *Lust oder Lebenslast?*
- Wurde eine eigene Familie gegründet?
- Wie waren die Umstände, die Voraussetzungen dafür?
- Warum ist keine eigene Familie gegründet worden?
- Wurde die Familie als bereichernd oder belastend erlebt?
- Welchen Stellenwert hatten und haben die Kinder?
- Welche Beziehungen sind existent?
- Welche Bedeutung hat heute die eigene Familiengeschichte?
- Gab es wichtige Beziehungen, aus denen keine Familie erwachsen ist?

Wohnen: *Wo hat das Leben einen Platz gefunden?*
- Wo wurde im Laufe des Lebens gewohnt?
- Was wird als Heimat bezeichnet?
- Was war die schrecklichste, die schwierigste Wohnsituation?
- Wie war das Umfeld, die Nachbarschaft, der Ort?
- Welche Wege wurden gegangen?
- Wie war das Leben eingebunden ins soziale Umfeld?
- Welche gesellschaftlichen Schichten bleiben verschlossen?
- Gibt es die prägende Wohnerfahrung?

Arbeit: *Mühsal oder Selbstverwirklichung und Entwicklung?*
- Wie war die schulische Karriere,
- Welche Erfahrungen wurden mit Lehrern gemacht?
- Gibt es traumatisierende Schulerfahrungen?
- Welche Arbeitsplätze standen zur Wahl?
- Welche Ausbildungen wurden absolviert?
- Was hat den Berufsweg bestimmt?
- Welche Vorstellungen hatten die eigenen Eltern von Schul- und Berufsweg?
- Welche Karriere wurde gemacht, welche versagt?
- Welche idealisierten Berufswünsche sind versagt geblieben?
- Welche unbezahlte Arbeit (z.B. Familienarbeit) wurde geleistet? Was war der Preis?
- Wo wurde »Schattenarbeit« (Arbeit, die offiziell nicht anerkannt wird) getan?
- Was hat Schattenarbeit ermöglicht, was verstellt?
- Gibt es eine prägende Arbeitsbeziehung, ein einprägendes Arbeitsverhältnis?

Gesellschaft: *Anerkennungen über das Private hinaus?*
- Gab es Engagements in Vereinen, Kirche, Parteien?
- Gab es öffentliche Wahrnehmung (z.B. in der Zeitung)?
- Bleibt in der Gesellschaft etwas lebendig von diesem Engagement?
- Gibt es eine zentrale Negativerfahrung?

Materielle Sicherheit: *Unzufrieden mit Erreichtem und Unerreichbarem?*
- Wie war die finanzielle Situation?
- Welcher Lebensstandard, welcher Lebensstil war möglich?
- Wie hoch ist der Grad der Zufriedenheit mit dem Erreichten?
- Welche Unterschiede zwischen früher und jetzt gibt es?

Sinn: *Was führt über die bloße Existenz hinaus?*
- Wer waren früheste Bezugspersonen, wo war Geborgenheit?
- Welchen Stellenwert hatte/hat Religion? Worin drückt sich dieser aus?
- Gibt es Menschen, die dem Leben Sinn gegeben haben?

- Erschließt sich diese Sinngebung erst jetzt oder war sie schon früher da?
- Welche Bedeutung hatten und haben Symbole, Metaphern und Rituale?
- Welche Bedeutung haben Gott, Himmel, Ewigkeit?
- Was ist das Zentrum der Persönlichkeit? Kann es beschrieben werden?

Reflektierte Präsenz: Haltungen

In der *Gegenwart* spiegeln sich Vergangenheit und Zukunftswünsche. Hier ist die Biografie (das »Material« des Biografischen Arbeitens) in verschlüsselter oder unverschlüsselter Form präsent. In der Gegenwart bestimmt der erinnernde Mensch Tempo, Zielrichtung und Unterbrechungen seiner Biografischen Arbeit. Er bestimmt den Rhythmus des Erinnerns. Der Hörende wird versuchen, diesen Rhythmus nicht zu stören, sondern in einer ihm angemessenen Weise mitzuschwingen, Erinnerungen aufzuschließen und seine Präsenz zu reflektieren.

Wie stehe ich zum Erzählenden? Welches *Interesse* habe ich an ihm? Entdecke ich liebenswerte Züge, die ihn persönlich attraktiv machen? Wende ich mich ihm aus privatem oder professionellem Interesse zu? Gelingt mir Zuwendung oder bedeutet das Mühe? Bin ich oder fühle ich mich zur Anwesenheit verpflichtet?

Hörende müssen sich auf Erzählende konzentrieren, d.h. »achtsam« sein. *Achtsamkeit* ist mehr als »Konzentration«: Wie gehe ich mit mir selber um, wie begegne ich meinem Gegenüber? Nehme ich das, was mir begegnet, an? Achtsamkeit ist die wache Zentrierung des inneren Geschehens auf einen Menschen, einen Zustand oder Gegenstand. Achtsamkeit ist also keine Technik, sondern eine innere Haltung, die nicht erzwungen werden kann: bewusst wahrnehmen mit Augen, Ohren, allen anderen Sinnen und versuchen, das Gehörte zu »schmecken«, zu »riechen«.

Biografiearbeit gelingt nur, wenn sie mit Lust und *Neugier* verbunden ist. Dann wird Berührung möglich und Mit-Leben entsteht. Viele Gespräche misslingen, weil die Partner voreingenommen kommunizieren. Sie suchen die Bestätigungen ihrer Meinungen und haben die Hoffnung verloren, dass sie etwas Neues, anderes erfahren könnten.

Will ich ein *partnerschaftliches Gespräch* oder versuche ich, aus dem Erzählenden Informationen zu locken, um diese für die Pflege oder die Bildungsarbeit nutzbar zu machen? Verzwecke ich unabgesprochen seine Erinnerungen? Gerade ältere Menschen haben in ihrem Leben häufig das Gefühl gehabt, dass ihre Kraft, Möglichkeiten und Engagements ausgebeutet wurden. Wiederholt sich diese Erfahrung, so werden Zugänge verschüttet.

Biografiearbeit ist weniger Interpretationsarbeit des Vergangenen, sondern mehr *Spiegel* des Erinnerten und Erinnernden. Der Zuhörende gibt wieder, bestätigt, zeigt Interesse, Verständnis und Einfühlung. Den Erfahrungen wird unbedingt Raum gegeben, den Interpretationen nur bedingt.

Erzählende legen Wert auf eine *symmetrische Kommunikationssituation*. Sie geben ihre Erfahrungen preis und erwarten, dass sie so ernsthaft aufgenommen werden, wie sie erzählt wurden. Die Qualität des Hörens und Erzählens muss gleich sein. Auf diesem Hintergrund verbieten sich auch die »Ratschlag-Haltungen«. Biografisches Arbeiten erfordert vom Hörenden die Bereitschaft zur Ich-Zurücknahme unter Achtung eigener Geduld und Kraft. Symmetrisch miteinander zu kommunizieren heißt nicht, opportunistisch jeder Meinung oder Selbstinterpretation zuzustimmen. Auch der vorsichtige Widerspruch im Sinne einer angebotenen Korrektur macht Gleichrangigkeit deutlich.

Gelungene biografische Kommunikation führt oft dazu, dass *Rollen* zeitweise *umgedreht* werden. Hat sich jemand »auserzählt«, so wird er neugierig werden auf den Menschen, der ihm hörend so lange zur Seite gesessen hat. Der Hörende wiederum muss bereit sein, das erfahrene Vertrauen zurückzugeben. Dann wird Biografie mit Biografie verglichen, nicht gewertet.

Es gehört zur Achtung vor dem Erzählenden, seine *Grenzen* wahrzunehmen und sie nicht zu verletzen. Manchmal führt Erinnerung weiter, wenn der Hörende mitteilt, dass er die Grenze wahrgenommen hat und sie achten wird. Die anfängliche Scham oder Peinlichkeit wird überwunden.

Biografiearbeit, die nach vorne gerichtet ist, muss sich abarbeiten am Unvermögen: »Der ich bin, grüßt traurig den, der ich sein könnte« (Friedrich Hebbel). Mit Gefühlen des *individuellen Scheiterns* muss man sich ebenso auseinander setzen wie mit dem, was historisch, sozial oder gesellschaftlich nicht möglich war. Biografisch Arbeitende werden versuchen, das Scheitern behutsam zu spiegeln, nicht um einen depressiven Teppich zu legen, sondern um der Darstellung des Lebens Kontur zu geben und das Unvermögen stellvertretend anzunehmen.

Biografiearbeit lebt von den *Erfahrungen*. Erfahrungen sind verdichtetes Lebenswissen – oft gesammelt über Generationen. Sie bedürfen sorgsamer Vermittlung und Annahme, weil sie in anderen Lebenszusammenhängen entstanden sind. Manches intergenerative Gespräch ist gescheitert, weil die Erfahrungen »argumentative Totmacher« wurden oder als fremd und unbedeutend tabuisiert waren.

Am Ende

Biografiearbeit verändert die Erinnernden und die Zuhörenden. Menschen sind nicht mehr reduziert auf die oberflächliche Erscheinung der Gegenwart, sondern werden auch als Vergangene wahrgenommen. So kann Respekt entstehen. Dieser Respekt gründet sich nicht nur auf das Gelungene. Er bezieht das Misslungene ein. So kann allen an der Biografiearbeit Beteiligten deutlich werden, wie viel hätte werden können und nicht geworden ist, wie viel Leben verspricht, aber nicht einhält. Und wie reich es dennoch ist.

Methoden

oder: Traue keinen Büchern

Alles, was man regelmäßig und berufsmäßig tut, versteinert. Kurt Tucholsky

Methodensammlungen entstehen meistens an Schreibtischen und werden in der Praxis auf Brauchbarkeit überprüft. Oft sind sie mündlich weitergegeben worden, wurden variiert. Gute Methoden sind durch viele Köpfe und Herzen gegangen, sind in der Praxis angereichert und gealtert. Methoden sind keine Rezepte. Sie sollen Anregungen sein und bitten den Praktiker und die Praktikerin in der Bildungsarbeit, in der Pflege oder in der Begegnung um Änderung und Einpassung in den jeweiligen Kontext.

Nach der Lektüre von Methodenbeschreibungen müsste der Leser oder die Leserin eigentlich klüger als der Autor sein: Erfahrungen, die der Autor nicht hatte, sind hinzugetreten und wandeln die verschrifteten Vorschläge in praktikable um. Noch klüger wird der Lesende, wenn er selbst Beteiligter wird, die Methode ausprobiert. Dargestellte Erfahrungen müssen sich mit eigenen Erfahrungen mischen und werden so originell.

Schreibende bemühen sich meistens um Klarheit und Verständnis. Dadurch kann das Spontane und die Inspiration verloren gehen. Der Text wird praxisferner. Das ist nicht zu ändern, muss aber vom Leser »mitgelesen« werden.

Die Methoden und Übungen dieser Publikation sind so beschrieben, dass sie auf unterschiedliche Erfahrungs- und Arbeitsfelder angewandt werden können.

- ICH/PAAR
- GRUPPE
- PROJEKT

- BESINNUNG
- BEGEGNUNG
- BILDUNG
- KRISE

- BIOGRAFIE
- SOZIALGESCHICHTE
- ZEITGESCHICHTE

Zur Orientierung wird eine Leiste angeboten, nach der Methoden gewichtet sind bzw. gesucht werden können. Es liegt in der Natur des Biografischen Arbeitens, dass solche Hinweise nicht trennscharf sind. Sie kennzeichnen lediglich die erste Zugriffsmöglichkeit. Der geübt Lesende wird Überschneidungen oder scheinbare Fehlorientierungen feststellen. Dies hat (hoffentlich!) weniger mit der Nachlässigkeit des Autors, sondern mehr mit den unterschiedlichen Erfahrungen zu tun. Ob eine Methode in der Praxis brauchbar ist, hängt vom Kontext ab.

Wird in der Therapie zur Lebensspanne gearbeitet, so hat dies eine andere Tiefe, als wenn in der Bildungsarbeit erinnert wird. Lokalgeschichtliche Arbeit bewegt meis-

tens oberflächlicher als erinnernde Gespräche auf der Pflegestation. Gruppen bedürfen bei der Anleitung einer höheren Sensibilität als Projektarbeitsgemeinschaften, die weitgehend selbstorganisiert historisch forschen.

ICH/PAAR
GRUPPE
PROJEKT
BESINNUNG
BEGEGNUNG
BILDUNG
KRISE
BIOGRAFIE
SOZIALGESCHICHTE
ZEITGESCHICHTE

Diese Merkmale geben Hinweise auf die Ausgangskonstellation. Methoden, die in Gruppen umgesetzt werden können, bedürfen eines besonderen erfahrungsgeleiteten Einsatzes, damit die Erinnerungs- und Beziehungsdynamik nicht aus dem Ruder läuft. »Projekt« meint in diesem Zusammenhang, dass es weniger auf die Dynamik der Beziehungen und mehr auf die Sachorientierung ankommt.

ICH/PAAR
GRUPPE
PROJEKT
BESINNUNG
BEGEGNUNG
BILDUNG
KRISE
BIOGRAFIE
SOZIALGESCHICHTE
ZEITGESCHICHTE

Diese Merkmale sollen die »Tiefungsmöglichkeiten« charakterisieren. Hier entstehen die meisten Abgrenzungsprobleme. Manche Methode, die scheinbar leicht und locker wirkt, kann in krisenhaften Situationen ungewollt Verschärfungsfaktor werden. Methoden, die therapeutischen Sets entlehnt sind, wirken in der Bildungsarbeit oft banal und führen zu wenig Arbeitsdynamik. »Bildung« bezieht sich auf eine Thematik, die vorrangig sachorientiert erschlossen werden soll. »Begegnung« meint solche Methoden, die Kommunikation und Kontakt fördern. »Besinnung« kennzeichnet meistens die stillen Methoden für Einzelarbeit oder in kleinen Gruppen. »Krise« kennzeichnet Anregungen für schwierige Umbruchsituationen des Lebens.

ICH/PAAR
GRUPPE
PROJEKT
BESINNUNG
BEGEGNUNG
BILDUNG
KRISE
BIOGRAFIE
SOZIALGESCHICHTE
ZEITGESCHICHTE

»Biografie« meint die eigene Lebensgeschichte im engen Sinne. »Sozialgeschichte« bezeichnet die erfahrene Geschichte im Umfeld, d.h. zum Beispiel die Geschichte des Stadtteiles oder das Schicksal einer ganzen Schulklasse. »Zeitgeschichte« umfasst die Geschichte der Gesellschaft, des Landes, der Erde während der Lebenszeit des Erinnernden oder seiner Vorfahren.

Fett wird die Methodenbeschreibung kurz eingeleitet. Beispiele und konkrete Beschreibungen sind *kursiv* dargestellt. Der letzte Absatz beinhaltet Variationen, Ergänzungen, Hinweise und methodische Erweiterungen. Querverweise auf andere Methoden sind ebenfalls **fett** gesetzt.

Lebens-Zeit

oder: Zeit heilt alle Wunder

Du, ich weiß noch alles
Fleisch und Blut und
Haare und Gebeine
Ach, aus Steinen kann man
Häuser machen und aus Häusern Steine.

Wolf Biermann

Chroniken

- ● ICH/PAAR
- ● GRUPPE
- ○ PROJEKT
- ○ BESINNUNG
- ● BEGEGNUNG
- ● BILDUNG
- ○ KRISE
- ● BIOGRAFIE
- ● SOZIALGESCHICHTE
- ● ZEITGESCHICHTE

Chroniken bieten detaillierte Orientierungen für Erinnerungen und ermöglichen Kontextentwicklungen.

Ähnlich wie **Zeitleisten**, nur ausführlicher, können Chroniken, d.h. die Darstellung von Geschichte in zeitlicher Folge, das Erinnern beleben. Manche Publikationen sind so ausführlich, dass Interessenten nachlesen können, was sich z.B. am Tag ihrer Geburt oder am Tag ihres Erwachsenwerdens öffentlich ereignete. Im Zuge der Diversifikation des Büchermarktes sind Chroniken mittlerweile für einzelne Länder, Regionen oder Sachgebiete zu kaufen bzw. in Bibliotheken zu entleihen. Auch das Software-Angebot entwickelt sich rasant in diese Richtung. Die Informationsfülle wächst. Ob mit der über alle Maßen archivierten Erinnerung auch die gelebte Erinnerung angeregt werden kann, bleibt abzuwarten.

In einer Gesprächsrunde über die so genannten Wirtschaftswunderjahre im Ruhrgebiet waren auf mehreren Pulten Publikationen ausgelegt, in denen die Teilnehmer und Teilnehmerinnen blättern konnten, um sich zu informieren oder anzuregen. In einem bestimmten Punkt des Gesprächs bat der Leiter um die Bereitschaft zum Spiel: Die Anwesenden sollten ihm persönlich wichtige Daten zurufen. Er las darauf aus den Chroniken die zeitlichen Entsprechungen vor. So ergaben sich interessante Zwie- und Gruppengespräche.

Es ist anregend, zur eigenen Biografie eine Chronik der Zeitgeschichte zu erstellen, um den Kontext von allgemeiner und individueller Entwicklung herzustellen.

Zeitleisten

Zeitleisten regen als Erinnerungsimpuls persönliche Rückschauen an und helfen, Lebenszeit zu strukturieren.

● ICH/PAAR
● GRUPPE
○ PROJEKT

○ BESINNUNG
● BEGEGNUNG
● BILDUNG
○ KRISE

● BIOGRAFIE
● SOZIALGESCHICHTE
● ZEITGESCHICHTE

Lebenserinnerung orientiert sich an Ereignissen und Erlebnissen, die aus unterschiedlichen Gründen für einzelne Gruppen oder große Gemeinschaften emotional besetzt sind. Die großen Ereignisse verknüpfen sich mit den kleinen Erlebnissen. In der biografischen Arbeit kann dieser Effekt gestützt werden.

Teilnehmer und Teilnehmerinnen eines Erwachsenenbildungsseminares waren aufgefordert worden, ihre individuelle Lebenskurve zu erstellen. Die jüngste Teilnehmerin stammte aus dem Jahrgang 1928. Im Raum war eine Zeitleiste mit den wichtigsten politischen, kulturellen und gesellschaftlichen Ereignissen zwischen 1927 (dem Jahr ihrer Zeugung) und heute aufgehängt. Pro Jahr war ein markantes Ereignis angegeben.

Die Erinnerungsarbeit wurde durch Fragen angeregt – z.B.: Wo waren Sie während der Währungsreform? Wann haben Sie vom Kriegsbeginn erfahren? Wie wurde in Ihrer Familie die Krönung Elizabeth II wahrgenommen?

Eine Variante: Ausgehängt werden **Blindplakate**, worauf lediglich die Jahresziffern in Reihenfolge notiert werden. Die Anwesenden sollen gemeinsam die wichtigsten Daten eintragen. Die »weißen Flecken« der Erinnerung werden bedacht und in Beziehung zur eigenen **Lebenskurve** gebracht. Diese Eigenarbeit wird später mit entsprechender Literatur (z.B. **Chroniken**) komplettiert.

Lebenskurve

- ● ICH/PAAR
- ● GRUPPE
- ○ PROJEKT
- ● BESINNUNG
- ● BEGEGNUNG
- ● BILDUNG
- ● KRISE
- ● BIOGRAFIE
- ○ SOZIALGESCHICHTE
- ○ ZEITGESCHICHTE

Die eigene Lebenslinie wird grafisch dargestellt.

Wenn man mit älteren Menschen zusammenarbeitet und mit ihnen über den Verlauf ihres Lebens spricht, stellt man oft mit Erstaunen fest, wie selten sie Rückblicke in die eigene Vergangenheit gewagt haben. Sie halten ihr eigenes Leben für nicht wertvoll und haben kaum Motivation, das Gelebte und Geleistete zu reflektieren. Vieles scheint ihnen nebensächlich, unscheinbar. Sie werden erst aufmerksam, wenn andere Menschen Interesse zeigen. Biografisches Arbeiten ist Ermutigungsarbeit. Wenn man sich selbst nicht schätzt oder unterschätzt, erinnert man wenig. Nur die großen Ereignisse bleiben haften und Nachfragen werden meistens so beantwortet, dass »nicht viel Interessantes passiert« sei. Die Methode der Lebenskurve setzt an dieser scheinbaren Verweigerungshaltung an.

Die Teilnehmer und Teilnehmerinnen einer Gruppe werden gebeten, sich jeweils für ca. eine Stunde mit einem großen Bogen Papier (mindestens DIN A2) und Malutensilien zurückzuziehen. Jeder soll zuerst auf einem Arbeitsblatt alle Lebensereignisse (Personen und Situationen) notieren, die nach gegenwärtiger Einschätzung eine Rolle gespielt haben. Anschließend soll sich jeder eine Gestaltungsmöglichkeit ausdenken, wie diese Erfahrungen linear dargestellt werden können.

Die Leitung gibt dazu Anregungen:

- *Mit einem Strahl das Blatt längs teilen und auf diesem Strahl die Zeiteinteilung des eigenen Lebens vornehmen (also von der Geburt bis zum Jetztpunkt);*
- *die erinnerten Lebenspunkte diesem Strahl zuordnen. Möglich ist es, eine Kurve aufzuzeichnen. Erhebt sich diese über den Strahl, so handelt es sich um positive Ereignisse, fällt sie darunter, um negativ besetzte.*
- *Die Zuordnung der Ereignisse kann nüchtern in kurzen Texten oder Stichworten erfolgen oder mit Begleitzeichnungen vervollständigt werden.*

Die Leitung sollte wenig Bedingungen für die Gestaltung vorgeben und stattdessen ermuntern, nach eigener Kreativität und Gefühlslage darzustellen. Nach dieser Stunde stellen alle ihre Kurven in der Gruppe vor. Wer aus Selbstschutz die Beschreibung der Kurve (oder Teile davon) verweigert, sollte für diese Entscheidung »gelobt« werden. Jeder aus dem Kreis kennt seine eigenen Grenzen und den notwendigen Selbstschutz am besten. Biografisches Arbeiten darf Schutzräume nicht verletzen, wohl aber zu Grenzerweiterungen ermutigen. In der Regel brauchen diese Auswertungen viel Zeit, weil plötzlich festgestellt wird, wie ereignisreich das scheinbar bedeutungslose Leben gewesen ist. Zwischenauswertungen in kleinen Gruppen sollten bei dieser Methode möglichst nicht gemacht werden, damit die entstehende Dynamik der Gesamtgruppe zugute kommen kann.

Die Lebenskurve kann auch ein **Lebenspanorama** sein. Dabei wird auf die chronologische Darstellung verzichtet und freie Gestaltung in einem Bild angeboten. Der Begriff Panorama verweist auf die Lebensübersicht. Meistens sind Kurven für Biografiearbeit ergiebiger, da die individuelle Zeit systematisiert in den Blick genommen wird. Lebenspanoramen können auch thematisch oder beziehungsorientiert eingegrenzt werden. Für die Biografiearbeit kann es von besonderem Reiz sein, nur die Primärbeziehungen in einem Panorama darzustellen. Dies setzt hohe Vertrautheit voraus.

Zeitungsanalyse

ICH/PAAR
GRUPPE
● PROJEKT

BESINNUNG
BEGEGNUNG
● BILDUNG
KRISE

BIOGRAFIE
● SOZIALGESCHICHTE
● ZEITGESCHICHTE

Zu bestimmten Zeitabschnitten werden lokale oder überregionale Zeitungen ausgewertet.

Noch vor der Geschichtsschreibung bilden Zeitungen Zeit ab, zwar gewertet und gewichtet, aber umfänglich und näherungsweise repräsentativ. Jeder Zeitungsverlag verfügt über ein Archiv, das bei Lokalblättern meistens auch den Lesern zugänglich ist. Zeitgeschichte mit Hilfe alter Zeitungen zu reflektieren, ist unterhaltsam und anregend.

Schon wenige Jahre nach der Grenzöffnung 1989 war die Vereinigungseuphorie der ersten Monate in den ehemaligen Grenzdörfern verschwunden. An einem Wochenende trafen sich je eine Gruppe aus dem Ostdorf und dem Westdorf. Gemeinsam studierte man die Zeitungsberichte des Spätherbst 1989, erinnerte sich, schüttelte den Kopf, schaute ungläubig und registrierte die eigene Vergesslichkeit. In einem zweiten Schritt wurden die Zeitungen nach Zukunftsprognosen durchsucht. Was hatte sich davon verwirklicht? Was war in weite Ferne gerückt, was utopisch oder sogar lächerlich geworden? Später vereinbarte man, ein solches Wochenende zweijährlich zu wiederholen.

Große Zeitungen publizieren ihre alten Ausgaben häufig als Reprints neu oder bieten ganze Jahrgänge auf CD-ROM an. Manchmal sind diese Medien in öffentlichen Büchereien zugänglich. Eine Variante dieses Zugangs ist die Arbeit mit alten **Karikaturen**, die in entsprechenden Sammelbänden oder Publikationen zeit- oder themenorientiert zu finden sind.

Lebensbaum

Metaphern helfen, Erinnerungen zu sammeln, diese auf einfache Art zu systematisieren und beschreibbar zu machen.

- ● ICH/PAAR
- ○ GRUPPE
- ○ PROJEKT

- ● BESINNUNG
- ○ BEGEGNUNG
- ○ BILDUNG
- ● KRISE

- ● BIOGRAFIE
- ○ SOZIALGESCHICHTE
- ○ ZEITGESCHICHTE

Der Lebensweg des Menschen lässt sich mit unterschiedlichen Metaphern beschreiben: Weg, Strom, Netz oder Hausbau. Diese Metaphern haben viele »Subbilder«, die ebenfalls metaphorisch übersetzt werden können.

Ähnlich wie bei der Lebenskurve notiert jeder die wichtigen Lebensereignisse, malt dann seinen Lebensbaum. Ein Baum besteht aus Wurzeln und Krone, Ästen und Blättern, einem sich verjüngenden Stamm, der verzweigt. Er gründet auf unterschiedlichen Böden, erhält Wasser, ist Umwelteinflüssen ausgesetzt. Zweige knicken ab, die Blätter haben unterschiedliche Farben. Die Teile des Baumes symbolisieren so Lebensereignisse. Diese Baumbilder werden vorgestellt, erläutert und in einer kleinen Ausstellung aufgehängt. Sie sind für die Gruppe ständige Erinnerungsfolien.

Viele **»Baumgedichte«** sind lebensbeschreibend. Sie können ergänzend oder methodenbeendend eingebracht werden. Einzelne Zitate fassen das Gespräch erweiternd zusammen – z.B.: »Zu leben, allein und frei wie der Baum, brüderlich unter den Bäumen des Waldes, das ist unser Traum« (aus einem Gedicht von Nazim Hikmet).

Lebensuhr

● ICH/PAAR
○ GRUPPE
○ PROJEKT

● BESINNUNG
○ BEGEGNUNG
○ BILDUNG
○ KRISE

● BIOGRAFIE
○ SOZIALGESCHICHTE
○ ZEITGESCHICHTE

Das eigene Leben wird als Zwölfstundenleben (eine Stundenzeigerumdrehung auf der Uhr) definiert und die Frage nach der momentanen Uhrzeit gestellt.

Chronologisch ist ein Alter genau zu benennen. Das biologische Alter des Menschen, seine körperliche Verfassung ist ungenauer, mit einigen Variablen allerdings auch beschreibbar (körperlicher Allgemeinzustand, Leistungsfähigkeit, geistige Präsenz, seelische Belastbarkeit). Davon teilweise abhängig, dennoch deutlich unterschieden ist das Gefühl für das eigene Alter. Auch wenn ich 65 bin: Entspricht es meinem Lebensgefühl? In Veranstaltungen mit älteren Erwachsenen, solchen, die im Ruhestand sind, begegnet einem immer wieder die Formulierung: »Wenn ich einmal alt bin ...«. Obwohl das Leben meistens nur noch ein paar Jahre dauert, scheint die Zeit noch nicht zur Neige zu gehen. Das nicht gelebte Leben findet seinen Ausdruck im Wunsch, es möge länger dauern als es biologisch wahrscheinlich ist. Das ist Ausdruck von Vitalität, aber auch von Leugnung der eigenen Lebensumstände. Eine Übung zur seelischen Lebenszeit ermöglicht die Auseinandersetzung mit Selbst- und Fremdwahrnehmung.

Jeder erhält einen Arbeitsbogen. Auf der oberen Hälfte ist eine Uhr ohne Zeiger abgebildet. Darunter findet sich die folgende Arbeitsanweisung:

Lebenszeit

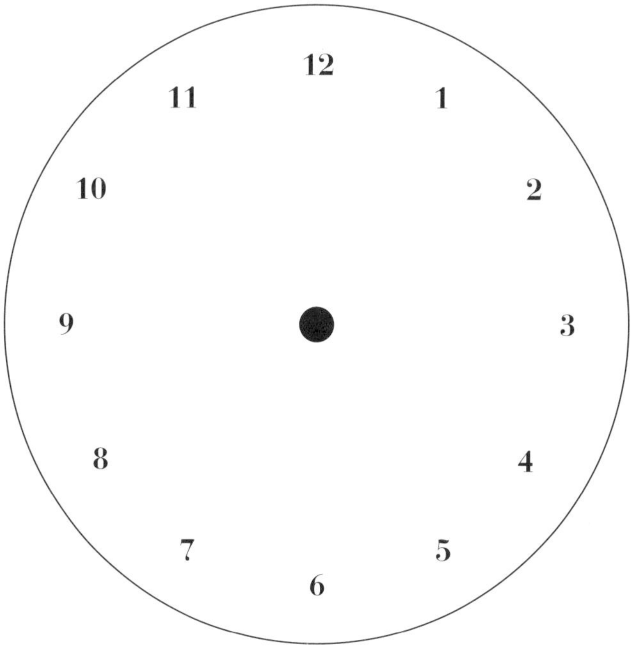

Stellen Sie sich vor, dass Ihr ganzes Leben 12 Stunden umfasst. Versuchen Sie Antwort auf die Frage zu finden: ›Wie spät ist es in meinem Leben?‹ Lassen Sie sich diese Frage einige Minuten durch den Kopf gehen, ehe Sie Stunden- und Minutenzeiger der Uhr an die entsprechenden Stellen zeichnen.

Nun beenden Sie bitte die folgenden Satzanfänge:
- *Es ist zu spät, um* ....
- *Es ist noch zu früh, um* ....
- *Es ist der richtige Zeitpunkt, um* ....
- *Ich brauche Zeit, um* ....
- *Um* .... *›Uhr‹ erwarte ich, dass* ....
- *Der Wecker ist gestellt auf* .... *Das bedeutet,* ....
  ....

Der Blick auf die Differenz zwischen tatsächlicher und seelischer Lebenszeit kann schmerzhaft, zuweilen schockartig sein. Eine behutsame Begleitung dieser Übung ist notwendig.

Lebens-Reise

● ICH/PAAR
● GRUPPE
○ PROJEKT

○ BESINNUNG
● BEGEGNUNG
○ BILDUNG
○ KRISE

● BIOGRAFIE
○ SOZIALGESCHICHTE
○ ZEITGESCHICHTE

Eine (Klein)gruppe begibt sich spielerisch auf eine Reise durch das Leben.

Im Spiel »Lebens-Reise« entdecken Menschen ihre eigene Lebensgeschichte (neu). Das Spielerische wird verbunden mit dem Gespräch. In der Rückschau verdichten sich die Lebensabschnitte Kindheit, Jugend, Erwachsensein und Alter. In lockerer Atmosphäre kann Vertrautheit entstehen, die Unverbindlichkeit signalisiert: »Es ist ja nur ein Spiel«. Jeder Spielende entscheidet selbst, ob aus dem Nebeneinander ein Miteinander, ob aus Unverbindlichkeit Verbindlichkeit wird.

Ein tischgroßes Plakat wird in vier gleiche Abschnitte geteilt, die für die vier Lebensabschnitte (Kindheit, Jugend, Erwachsensein, Alter) stehen. Weg und Umweg der Fantasie sind bei der Erstellung keine Grenzen gesetzt und markieren die Gradlinigkeit oder Verworrenheit unterschiedlicher Lebenssituationen. Die Wege erhalten Felder (vergleichbar mit »Mensch ärgere Dich nicht«), die nummeriert sind. Jedem Feld (oder jedem zweiten, dritten) werden Fragen oder Aufgaben zugeordnet, die in der Vorbereitungsgruppe ersonnen worden waren, z.B.:

- *Wo sind Sie geboren worden?*
- *Haben Sie Ihre Hebamme kennen gelernt, wissen Sie etwas von der Geburtssituation?*
- *Wann haben Sie zum ersten Mal Geld verdient?*
- *Spielen Sie Ihr erstes Rendezvous!*
- *Kennen Sie ein Kochrezept der Nachkriegszeit?*
- *Was hat Ihr Chef gesagt, als Sie in Pension gingen?*

Der Würfel entscheidet über die Zahl der Felder, die jeder ziehen darf. Wer zuerst am Ziel ist, hat gewonnen, ist natürlich auch als erster gestorben. Je langsamer jemand »geht«, desto mehr reflektiert er sein Leben im Spiel. Die Frage des Ziels stellt sich in diesem Spiel also anders. Die Entwicklung der Lebens-Reise ist selbst schon Biografisches Arbeiten, oft sogar intensiver als das Spiel selbst.

Wenn auf die Selbstentwicklung verzichtet werden soll, kann das Spiel »Lebens-Reise« (mit Spielbrett, Figuren und nahezu 100 Fragekarten) auch im Fachhandel erworben werden.

Spurensuche

oder: Das Leben war immer mein Leben

Zauberland ist abgebrannt und
brennt noch irgendwo.

Rio Reiser

Stammbaum

● ICH/PAAR
○ GRUPPE
○ PROJEKT

● BESINNUNG
○ BEGEGNUNG
○ BILDUNG
○ KRISE

● BIOGRAFIE
○ SOZIALGESCHICHTE
○ ZEITGESCHICHTE

Leben ist eingebettet in Vor- und Nachfahrenschaft. Die Familie, Clan oder Sippe haben Bedeutung. Sie definieren den Platz des Lebens mit. Stammbäume (Genogramme) können dies verdeutlichen und Bewusstsein dafür vermitteln.

In der Regel ist jeder in der Lage, die verwandtschaftlichen Beziehungen bis zur Elternebene (Onkel, Tante und deren Kinder, die Cousinen bzw. Cousins) zu rekonstruieren. Schwieriger wird es oft, wenn die Großelternebene oder Urgroßelternebene, die der Ahnen, dargestellt werden soll. Meistens helfen Kontakte zu deren Nachkommen weiter. Sind diese Fäden abgerissen bzw. die Verwandten gestorben, helfen Nachforschungen in Stadtarchiven und Taufregistern von Kirchengemeinden. Schon mancher hat seinen Stammbaum bis ins Mittelalter, wenn auch nicht in allen Verästelungen, rekonstruieren können. Den eigenen Stammbaum zu recherchieren, führt zu Kontakten und vielschichtiger Erinnerungsarbeit.

Auf einem möglichst großen Blatt wird die Verästelung der eigenen Familie entwickelt. Jede Person erhält ein Kästchen, Geburts-, Todesdaten und Eheschließungen werden mit entsprechenden Symbolen (Stern, Kreuz, Ringe) gekennzeichnet. Der einheiratende Partner bzw. Partnerin wird dem jeweiligen Kästchen zugeordnet. Soweit möglich und sinnvoll, werden die autobiografischen Daten der Familienangehörigen gesammelt und dem Stammbaum (in einem »Stammbuch«) zugeordnet.

Stammbäume, die mit Fotos versehen wurden und täglich wahrgenommen werden, können ein Bewusstsein dafür vermitteln, dass man in ein Netz eingewoben ist. Jeder ist unverzichtbarer Teil einer Lebenskette, die vor der Geburt angefangen hat und nach dem Tod nicht enden wird.

Aus der systemisch-therapeutischen Arbeit stammt die Methode des **Familienbretts**. Auf einem Brett finden sich einfache Holzfiguren oder Holzstücke unterschiedlicher Größe. Mit diesem Material soll über mehrere Generationen die eigene Familie gestellt werden. Durch Zuordnungen, Nähe und Entfernung, Wegnahme oder Hinzufügung werden Konstellationen deutlich gemacht und erinnert. Eine Annahme in der therapeutischen Arbeit ist, dass jeder Mensch den »Auftrag« hat, das Leben eines anderen der Familie fortzusetzen, zu ergänzen, zu erwidern, also in einem ganz eigenen Kontakt steht.

Auch außerhalb des therapeutischen Arbeitsfeldes kann man sich diese Grundannahme aneignen und die gestellten Konstellationen zum Ausgangspunkt eines Gespräches machen. Familienbretter konkretisieren und gewichten mehr als Stammbäume. Erfahrungsgemäß führt diese Methode stärker ins Erleben.

Namen

- ● ICH/PAAR
- ○ GRUPPE
- ○ PROJEKT
- ● BESINNUNG
- ○ BEGEGNUNG
- ○ BILDUNG
- ○ KRISE
- ● BIOGRAFIE
- ○ SOZIALGESCHICHTE
- ○ ZEITGESCHICHTE

Namen identifizieren Menschen und Menschen identifizieren sich mit Namen. Namen sind Träger von Lebensgeschichte.

Der eigene Namen wird geliebt oder gehasst. Man hat ihn nicht gewählt, er wurde von den Eltern zugewiesen. Der Name sagt etwas über die Einzigartigkeit aus oder über die Multiplizität des Bezeichneten. Mit Namen werden Erwartungen, Wünsche oder Hoffnungen auf das Neugeborene übertragen. Traditionslinien sollen fortgesetzt oder bewusst gebrochen werden. Wenn der älteste Sohn den Namen des Vaters oder die Tochter die Vornamen der Großmütter trägt, so ist damit auch ein geheimer Auftrag verbunden.

Manche Menschen hadern mit ihrem Namen und ändern ihn vorsichtig (aus »Ulla« wird »Ursula«) oder radikal (aus »Elmar« wird »Christian«). Was verlieren sie, welcher Teil ihrer Identität geht verloren, gewinnen sie eine neue? Wie viel Wunsch nach Machbarkeit und Selbstbestimmung liegen in solchen Zeichen, wie viel Selbstverleugnung und Widerspruch, wie viel Anpassung?

Namensgebungen sagen etwas über gesellschaftliche Entwicklungen aus. Sie spiegeln Zeittrends. Die Beschäftigung mit dem eigenen Namen ist meistens lustvoll. Hier wird deutlich, dass in der Gruppe nur »Ich« gemeint sein kann: Nur ich kann Auskunft geben, mir muss man zuhören. Biografisches Arbeiten mit dem eigenen Namen unterstreicht Unverwechselbarkeit.

Folgende Fragen (z.B. auf einem Arbeitsbogen vorgegeben) können das Gespräch über den Namen inspirieren:

- *Mögen Sie Ihren Namen?*
- *Wem haben Sie ihn zu verdanken?*
- *Welche Hoffnungen haben Sie damit getragen?*
- *Was sollte Ihnen damit auf den Weg gegeben werden?*
- *Wie hat Ihr Vorname Ihr Leben beeinflusst?*
- *Haben Sie Ihren Rufnamen im Laufe des Lebens geändert?*
- *Wurde er von anderen geändert?*
- *Hat sich Ihr Verhältnis zum Namen im Laufe der Zeit verwandelt?*

Eine Variante dieser Methode ist die Beschäftigung mit den Namen, die im Laufe des Lebens zugeteilt wurden: **Kosenamen**, unterschiedliche Rufnamen in der Familie, Spitz- und Spottnamen.

Der Name wird zum ersten Mal auf der Geburtsurkunde festgehalten. Es ist das erste offizielle Dokument über die Existenz eines neuen Menschen. Die **Geburtsurkunde** ist für viele emotional besetzt und möglicher Ausgangspunkt für ein Gespräch über den Beginn des Lebens.

Dialekte

ICH/PAAR
GRUPPE
PROJEKT

BESINNUNG
BEGEGNUNG
BILDUNG
KRISE

BIOGRAFIE
SOZIALGESCHICHTE
ZEITGESCHICHTE

Die Färbung und der Dialekt einer Stimme, lässt Erinnerungen lebendig werden.

Dialekte und mitschwingende Färbungen stehen für kulturelle Identifikationen und Identitäten: das »Landsmannschaftliche« wird deutlich. In ihnen kann man Lebensbedingungen und manchmal Lebensmöglichkeiten nachspüren. Das Karge des Norddeutschen kontrastiert mit den französischen Farben am Rhein und der Vitalität des Südens. Das Laute des Sächsischen rutscht ins Vorlaute der Berliner. Ruhrpottslang mag die Handfestigkeit eines harten Arbeitstages mitvermitteln. Welche Worte finden sich in Dialekten für einzelne Begriffe? Was drückt sich darin aus? Was sagt der Unterschied?

Stefan P. spricht ein makelloses Hochdeutsch. Wenn er sich ärgert, wechselt die so ungebrochene Sprache in derbes westfälisches Platt. Lautmalerisch beschreibt er, was ihn bewegt.

Während Dialekte verschwinden oder sprachlich nivelliert werden, ändert sich Sprache durch neue Worte, Satzkonstellationen oder Konventionen.

Wie haben wir als Kinder gesprochen, wie sprechen wir heute? Welche Worte verwenden wir, welche werden vermieden?

Die **Wortwahl** lässt manchmal Vergangenheit spürbar werden. Bis zu den achtziger Jahren war es undenkbar, dass ein älterer Mensch in der Öffentlichkeit das Wort »geil« benutzt hätte. Einstellungs- und Bedeutungswandel haben zur Akzeptanz geführt.

Zeugnisse

ICH/PAAR
GRUPPE
PROJEKT
BESINNUNG
BEGEGNUNG
BILDUNG
KRISE
BIOGRAFIE
SOZIALGESCHICHTE
ZEITGESCHICHTE

Zeugnisse helfen, Schul- und Berufserinnerungen zu rekonstruieren, insbesondere dann, wenn nicht nur Noten, sondern auch Bemerkungen in den Schriftstücken zu finden sind.

Schule und ihre Repräsentanten haben hohe Erinnerungsbedeutung. Bis ins Alter hinein werden Menschen von einzelnen Lehrerpersönlichkeiten »verfolgt«. Ihr Verhalten in Stresssituationen ist vielfach geprägt von den erlernten Offensiv- und Vermeidungstrategien des Schulalltags. Schulverhalten wird reproduziert, sobald sich eine Situation entwickelt, die der Ursituation in der Klasse entspricht oder ihr ähnlich ist. Insbesondere in der Erwachsenenbildung kann dazu gearbeitet werden.

Typische Schulkonflikte werden gespielt, der Klassenraum wird nachgebaut, Erinnerungen aktiviert und durch die vorhandenen oder zitierten Zeugnisse illustriert.

Zeugnisse können »meditiert« werden: So wird relativ einfach Erregungspotential aktiviert. Mit den Emotionen kommen die Einzelerinnerungen zurück.

Zu einem Klassentreffen brachten alle ihre Zeugnisse mit. Obwohl sich der Erfolg der Lebenswege deutlich von der Qualität der jeweiligen Zeugnisse unterschied, stellte sich auf der Gefühlsebene die alte Klassenhierachie her. Die Vergangenheit war für einen Moment zurückgekommen.

Es kann hilfreich sein, beim Bilanzieren des Lebens die Zeugniskategorien zu verwenden und so festzustellen, wie unbedeutend möglicherweise Schulleistungen aus heutiger Sicht sind oder wie prägend sie waren. Ein Ergebnis dürfte allerdings immer am Ende stehen: Was wirklich wichtig im Leben wurde, ist aus den Zeugnisnoten nicht ablesbar.

Kochrezepte

- ICH/PAAR
- GRUPPE
- PROJEKT
- BESINNUNG
- BEGEGNUNG
- BILDUNG
- KRISE
- BIOGRAFIE
- SOZIALGESCHICHTE
- ZEITGESCHICHTE

Erinnerung wird nicht allein durch Gehörtes und Gelesenes, sondern auch durch andere Sinne hervorgerufen.

Kochen und (gemeinsames) Essen gehört zu den gemeinschaftsstiftenden Elementen des Lebens. Immer, wenn Notwendiges sich mit Lustvollem mischt, entwickeln sich Prägungen. Kochrezepte und ihre Aufzeichnungen spiegeln Lebens- und Alterskultur. Das Kochen macht sinnlich Vergangenheit erfahrbar. Essensformen und Begleitumstände sind Träger der Erinnerungen.

Eine Gruppe älterer Erwachsener trug unter der Überschrift »So haben wir überlebt!« die Kochrezepte der Nachkriegsjahre zusammen: Griesschmalz wurde beschrieben, Ersatzschlagsahne und Kartoffelpuffer in Lebertran gebraten. Der Schrecken des Hungers war gebannt durch das Anekdotische und die Überschrift: So haben wir überlebt.
Als Tony U. starb, ging mit ihr auch der ganz spezifische Geschmack des Nudelauflaufes. Obwohl alle Zutaten bekannt sind, wird es nicht möglich sein, diesen Geschmack und den in der Küche liegenden Geruch wieder herzustellen. So bleibt in den Dingen des Alltags die biografische Einzigartigkeit eines Menschen erhalten.

Kochbücher lassen vergangene Küchensituationen aufscheinen, Spritzer berichten von der Nähe zur Mutter, der zerfledderte Buchrücken ist Rest der Kindheitsküche. Kochbücher sind Alltagsliteratur besonderer Art.

Witze

Witze ermöglichen Nähe und Distanz zum Tragischen des eigenen Lebens.

○ ICH/PAAR
● GRUPPE
○ PROJEKT

● BESINNUNG
● BEGEGNUNG
○ BILDUNG
○ KRISE

● BIOGRAFIE
○ SOZIALGESCHICHTE
○ ZEITGESCHICHTE

Eike Christian Hirsch schreibt in seiner brillanten Schule des Gelächters »Der Witzableiter«, das Ziel aller Komik sei klar und bedürfe keiner Definition: das befreiende Lachen. Die Mittel, dieses Ziel zu erreichen, seien so vielfältig, dass sie sich einer definierenden Beschreibung entzögen. Die Funktion des Witzes hingegen ist klar: Er bietet Gelegenheit zur augenblicklichen Lösung unerwünschter Bindungen. Menschen gehen immer wieder Bindungen im Leben ein, die festhalten oder freimachen für andere Lebensmöglichkeiten. Jede Freiheit hat eine bindende, jede Bindung eine befreiende Seite. Witze können dies verdeutlich. Sie zeigen uns Kehrseiten unseres Fühlens und Handelns, legen oft ätzend geheime Sehnsüchte blank und lassen das vornehm Zurückgehaltene karikierend deutlich werden. Der Witz ist eine Möglichkeit der Angstbewältigung. Biografische Arbeit heißt nicht, Witze kaputt zu analysieren, wohl aber, ein Bewusstsein dafür zu haben, über welche Witze welches Lebenswissen und welche Lebenserfahrung transportiert werden.

»Ein Arzt geht über den Friedhof. Da hört er eine leise Stimme: ›Herr Doktor ... Herr Doktor ...‹ Als er der Stimme nachgeht, hebt sich ein Grabdeckel: ›Herr Doktor, haben Sie was gegen Würmer?‹« Hirsch beschreibt diese Art der Witze als solche, die uns befreien sollen. Es sei die Befreiung von bösen Introjekten durch Lachen. Alte Menschen erstarren vor solchen Witzen, weil sie dem Tod zu nahe kommen oder sie nutzen sie, um ihm ins Gesicht zu schauen. Lachen hat die Funktion der Näherung und pflegt den Umgang mit Kränkungen. In einer Altenrunde erzählte jeder seinen Lieblingswitz und gemeinsam versuchte man zu entschlüsseln, warum ausgerechnet dieser Witz von ihm oder ihr erzählt worden war.

Aber: Alltag darf nicht methodisch vernutzt werden. Über gute Witze soll man lachen und nicht disputieren!

Alte Lieder

● ICH/PAAR
● GRUPPE
○ PROJEKT

● BESINNUNG
● BEGEGNUNG
○ BILDUNG
○ KRISE

● BIOGRAFIE
○ SOZIALGESCHICHTE
○ ZEITGESCHICHTE

Musik bewegt Emotionen oft nachhaltiger als Worte und Texte. Gemeinsam gesungene Lieder wirken gruppenstützend.

Ältere Menschen kennen meistens viele Volkslieder oder alte Schlager. Ihnen sind Gruppensituationen vertraut, in denen diese Lieder gesungen wurden. Obwohl das Liedgut oft nur einen bestimmten Ausschnitt des Lebens widerspiegelt (in Deutschland haben sich z.B. Arbeiterlieder nicht als Volkslieder etablieren können), so tragen sie doch Erinnerungen und kulturelle Identität. Diese Lieder verlieren auch dann nicht ihren Wert, wenn sie in der so genannten Volksmusik nachgeahmt und unmerklich niedergemacht werden. Nicht das Ursprüngliche ist kitschig, sondern das auf den Profit schielende Imitat.

Ein Altenkreis wird regelmäßig eröffnet durch ein Volkslied. Reihum hat jeder das Recht, ein Lied seiner Wahl vorzustellen. Er oder sie erklärt die Wahl, erzählt konkrete Situationen aus dem eigenen Leben dazu und macht deutlich, welchen Platz das Lied einnimmt.

Alte **Schlager** scheinen bei jüngeren Menschen Volksliedcharakter zu bekommen: »Mein kleiner grüner Kaktus« oder »Marmor, Stein und Eisen bricht« kann von vielen in allen Strophen gesungen werden. Andere Medien, zum Beispiel Heimatfilme, bieten überraschend viele Anregungen zur Reflektion der eigenen Biografie (im bekannten Film »Grün ist die Heide« geht es z.B. um Krieg, Vertreibung und Heimat).

Rituale

Rituale, festgelegte Bräuche in Handlungen, Gesten oder Worten sind in Form geronnene Erinnerungen.

● ICH/PAAR
○ GRUPPE
○ PROJEKT

● BESINNUNG
○ BEGEGNUNG
● BILDUNG
○ KRISE

● BIOGRAFIE
○ SOZIALGESCHICHTE
○ ZEITGESCHICHTE

In Religionen leben die meisten Rituale. Gottesdienste sind oft nicht mehr und nicht weniger als die sinnvoll choreografierte Zusammenstellung von Ritualen zu unterschiedlichen Lebensthemen und Lebenswünschen. Auch profane Gemeinschaften kennzeichnen sich durch Rituale: Fahnen werden übergeben, Grußformen exakt eingehalten, Kleidung stilisiert. Gelungene Rituale werden selten erfunden. Sie müssen sich über lange Zeit entwickeln und binden erst so Erinnerung. Rituale helfen leben. Sie symbolisieren und spiegeln Lebenswissen, Lebenseinstellungen und Lebenserfahrungen.

Rituale ermöglichen Erinnerungen. Sie lassen früheres Wissen anklingen, aktivieren Emotionen, geben Ereignissen die je eigene Farbe. Gedenk- und Feiertage sind ohne sie kaum vorstellbar. Rituale helfen, die Bedeutung des Tages oder des Ereignisses zu beschwören.

Auch Familien entwickeln Rituale (z.B. die exakt immer gleich ablaufende Weihnachtsfeier ...), Freundschaften (Umarmungen, die nur mit ihr vollzogen werden ...) und kommen ohne sie nicht aus. In Zweckgemeinschaften sind sie Beziehungskitt (Jeden Morgen begrüßt der Chef mit einem Handschlag alle Mitarbeitenden ...).

Was spiegelt sich in den Ritualen? Was fehlt, wenn sie nicht vollzogen werden?

Clemens U. ließ sich bis an das Lebensende von seiner Frau die Frühstücksbrötchen schmieren. Wenn seine Lebensgefährtin krank war, bat er die Tochter, diesen Dienst zu leisten. Vielerlei wird in diesem Ritual deutlich. Clemens U. war der Familienpatriarch, aber auch einer, der deutlich machte: Ich kann nicht alles. Er bat um Unterstützung und verband dies mit der Anmutung, solcherlei Nebensächlichkeiten seien Frauenarbeit.

Es ist lohnenswert, (Familien)rituale nach ihrem Bedeutungsinhalt zu befragen und ihre Entstehungsgeschichte zu erforschen. Sie können dann unter Umständen bewusster vollzogen oder gewandelter angenommen werden.

Körpersprache

- ● ICH/PAAR
- ○ GRUPPE
- ○ PROJEKT

- ● BESINNUNG
- ○ BEGEGNUNG
- ○ BILDUNG
- ● KRISE

- ● BIOGRAFIE
- ○ SOZIALGESCHICHTE
- ○ ZEITGESCHICHTE

Der Körper des Menschen selbst trägt Erinnerung. In ihm und auf ihm haben sich Lebensspuren eingegraben. Psychologen sprechen vom Leib, das meint die Verbindung von Physis und Schicksal.

Selbstwahrnehmung als Körperwahrnehmung nimmt mit dem Älterwerden des Menschen zu. Die Veränderungen werden registriert: Falten, abnehmende Körperkraft, Gewichtszunahme, Schmerzen. Die äußerlichen Veränderungen werden als Alterserscheinungen definiert, sind aber mehr als das: fleischgewordenes Schicksal, Lebensspuren und entschlüsselbare Signale. Vor dem Fühlen bemächtigt sich meistens die Sprache dieser Entwicklung. Sie verschränkt Körperlichkeit und Schicksal und verrät somit viel über Lebensereignisse.

Menschen werden gebeten, ihren momentanen Gefühls- und Körperzustand anhand folgender oder ähnlicher Redewendungen zu beschreiben. Es bleibt ihnen überlassen, ob sie eine Redewendung verwenden oder mehrere miteinander kombinieren:

- *Ich bekomme graue Haare.*
- *Es ist haarsträubend.*
- *Mir stehen die Haare zu Berge.*
- *Ich zerbreche mir den Kopf.*
- *Das hüte ich wie meinen Augapfel.*
- *Den kann ich nicht riechen.*
- *Es verschlägt mir die Sprache.*
- *Ich habe mich mundtot machen lassen.*
- *Mir steckt ein Kloß im Hals.*
- *Dauernd muss ich alles herunterschlucken.*
- *Mir bleibt die Luft weg.*
- *Das hat mir das Rückgrat gebrochen.*
- *Das nehme ich mir zu Herzen*
- *Ich habe ein dickes Fell.*
- *Der Magen zieht sich zusammen.*
- *Alles sträubt sich dagegen.*
- *Ich mache eine Faust in der Tasche.*
- *Ich habe kein Stehvermögen.*
- *Ich breche mir keinen ab.*
- *Ich fühle mich auf den Arm genommen.*

Anschließend sollen die Beteiligten versuchen, dem jeweiligen seelischen und körperlichem Ausdruck nachzuspüren. Ein Austausch über das benannte »Schlüsselorgan« schließt sich an: Wofür steht im tatsächlichen und übertragenen Sinn das Rückgrat, wofür die Haut als »Fell« und Kontaktgrenze zur Umwelt?

Viele Methoden des Biografischen Arbeitens sind der Psychotherapie entlehnt, ohne selbst Therapie sein zu wollen. Sie signalisieren: Nimm das Leben ernst, wahr und wichtig. Stelle dich für eine Zeit in den Mittelpunkt.

Das Moses-Syndrom

● ICH/PAAR
○ GRUPPE
○ PROJEKT

● BESINNUNG
○ BEGEGNUNG
○ BILDUNG
● KRISE

● BIOGRAFIE
○ SOZIALGESCHICHTE
○ ZEITGESCHICHTE

Unerfüllte Sehnsüchte führen zu Spannungen, denen durch schnelle Erfüllung nicht ausgewichen werden darf.

Moses führte sein Volk aus dem Land der Knechtschaft. Vierzig Jahre leitete er es und durfte nach dem Willen Gottes dennoch nicht nach Israel. Das verheißene Land steht für die Erfüllung des Lebenszieles, der Weg ist das Leben einer großen Sehnsucht. Die wenigsten der großen Sehnsüchte werden erfüllt. Es gehört zu den eigentümlichen Spannungen des Lebens, dass der Moment davor mehr bedeutet als die Erfüllung selbst.

Was ist die große Sehnsucht im letzten Lebensdrittel? Was blieb ungelebt? Ist Alter Erfüllung oder Versagung der letzten Träume?

Die Träume der Kindheit werden mit der Realität der Jugend, die Träume der Jugend mit der Realität des Erwachsenseins, die Träume der Erwachsenen mit der Realität des Alters verglichen. Welche Träume bleiben? Kann man aus Sehnsucht leben? Bei den verschiedenen Methoden der Biografiearbeit nimmt »Sehnsucht« eine exklusive Stelle ein. Sie kann ausdrücklich thematisiert werden, Gegenstand einer **Traumreise** oder unterschiedlicher Spurensuchen sein.

Hanne H. sagte zu ihrem Mann: »Bevor ich Sehnsucht habe, bist Du schon da!« Sie verdeutlichte damit, dass ihr das Gefühl der Sehnsucht genauso wichtig wie die Erfüllung war. Sie lebte aus der Spannung heraus, nicht aus der Sättigung.

Erfüllung ereignet sich nicht ohne Sehnsucht. Erfüllung ohne Sehnsucht ist schal und führt zu Befriedigungssucht. Welche Spannungen tragen das Leben und die Erinnerung? Kindheitsweihnachten oder Geburtstagsfeiern: Welcher Art war die Spannung, damit glückende Momente entstehen konnten?

Journale und Archive

oder: Die Zeit in meine Hände nehmen

Die Monate haben es eilig.
Die Jahre haben es noch eiliger.
Und die Jahrzehnte haben es am eiligsten.
Nur die Erinnerungen haben
Geduld mit uns.

Erich Kästner

Autobiografie

- ● ICH/PAAR
- ○ GRUPPE
- ○ PROJEKT
- ● BESINNUNG
- ○ BEGEGNUNG
- ○ BILDUNG
- ○ KRISE
- ● BIOGRAFIE
- ○ SOZIALGESCHICHTE
- ○ ZEITGESCHICHTE

Das eigene Leben wird in der Rückschau aufgeschrieben.

Die meisten Menschen neigen dazu, die eigenen Lebenserfahrungen im Kontext zu anderen abzuqualifizieren. Sie messen ihre Lebensleistung an den Lebensleistungen der »Großen« (in der nächsten Umgebung oder in der Gesellschaft). Erfahrung hat weniger mit Leistung und mehr mit Lebenszusammenhängen zu tun: Was habe ich in und aus meinem Schicksal gelernt, was hat mein persönliches Wachstum gefördert oder behindert?

Im letzten Lebensdrittel macht es Sinn, diese Erfahrungen festzuhalten, sie erzählend oder schreibend weiterzugeben. Es geht dabei nicht um Literatur, sondern um das reflektierende Darstellen, um die schreibende Konzentration. Der Text wird zu einem Gegenüber, Dialog im Erinnernden wird möglich.

Hans F. erinnerte sich nach seiner Pensionierung daran, dass er in den dreißiger Jahren einen Freund verloren hatte. Dieser war auf Betreiben der jüdischen Eltern, die später getötet worden waren, nach England emigriert. Hans F. eruierte dessen Lebensgeschichte, erschloss alte Kontakte und erinnerte dabei sein eigenes Leben. In mehreren Manuskripten schrieb er die Erinnerungen aus unterschiedlichen Lebensphasen nieder. Sie waren zum Teil intim (nur seine Frau durfte diese Seiten lesen), brisant (Freunde bekamen Einblick), lokal interessant (er stellte das Material in Kopie dem Stadtarchiv zur Verfügung) und witzig (das Anekdotische erheitert manche Familienfeier). Diese autobiografischen Aufzeichnungen bildeten den Auftakt zu umfangreichen Tagebuchaufzeichnungen, die er bis zu seinem Lebensende fortführte.

Die englischen Autoren Ryan und Walker ermutigen, schon in der Kinderpädagogik solche »Lebensgeschichte-Bücher« anzulegen und regen Begleitung an. Autobiografisches kann auch auf **Tonband** gesprochen oder Enkeln diktiert werden.

Allerdings: Je mehr diese Autobiografien sich auch an andere wenden, desto eher werden die Erinnerungen geschönt und geglättet werden.

Die Ereignisse und Eindrücke des Tages werden schriftlich festgehalten.

● ICH/PAAR
○ GRUPPE
○ PROJEKT
● BESINNUNG
○ BEGEGNUNG
○ BILDUNG
○ KRISE
● BIOGRAFIE
○ SOZIALGESCHICHTE
○ ZEITGESCHICHTE

Viele Menschen haben im Laufe ihres Lebens über kurze oder längere Zeit Tagebuch geführt. Das Leben festzuhalten, für einen Moment die Zeit zu bannen, hat einen unwiderstehlichen Reiz. Einmal angefangen, möchte man das Schreiben konstant fortsetzen. Allerdings schwinden meistens diese guten Vorsätze, der Reiz lässt nach.

Nimmt man alte Aufzeichnungen zur Hand, so erinnert man sich an Tage, Stunden oder Momente. Kleine Bemerkungen lassen Gefühle wieder aufscheinen und Menschen, die lange vergessen schienen, wiedererstehen. Vielleicht entdeckt man im **Familienarchiv** Aufzeichnungen der Eltern, die zugänglich sind. Oder: Das alte **Poesiealbum**, eigentlich kein Tagebuch im klassischen Sinne, lässt auf geheimnisvolle Art die Kindheit erahnen.

Tagebuchschreiben richtet sich auf den Moment und ist Erinnerungsanker für die Zukunft. Tagebuchschreiben ist Erinnerungsarbeit auf Vorrat.

Man sollte sich jeden Tag möglichst am frühen Abend, wenn die Konzentration noch nicht nachlässt, ein wenig Zeit nehmen und die Ereignisse des Tages notieren. Was war bewegend, was stand im Zentrum des Erlebens? Wie war der Schlaf der vergangenen Nacht, die wichtigste Nachricht in der Morgenzeitung, welche Einkäufe wurden gemacht, wer hat angerufen oder ist auf einen Besuch vorbeigekommen? Wie lange ging man seinem Hobby nach, welche Aufgaben wurden erledigt? Auch scheinbar Banales hat Platz im Tagebuch. Die alltäglichen Verrichtungen sind wichtige Erinnerungsanker.

Wer wenig Talent oder Lust zum Schreiben hat, kann sich auf Kurzformen beschränken: Ein größerer Terminkalender, der für die Wochenplanung verwandt wird, dient als schneller Notizblock. Zwei, drei Stichworte von den wichtigsten Ereignissen oder Eindrücken des Tages genügen oft, um sich später zu erinnern. Dieses **»Kleine Tagebuch«** sollte immer greifbar sein und so motivieren.

Tagebuch auf Tonband

- ● ICH/PAAR
- ○ GRUPPE
- ○ PROJEKT

- ● BESINNUNG
- ○ BEGEGNUNG
- ○ BILDUNG
- ○ KRISE

- ● BIOGRAFIE
- ○ SOZIALGESCHICHTE
- ○ ZEITGESCHICHTE

Technische Hilfsmittel ergänzen oder erleichtern die Erinnerungsarbeit.

Manchen ist es eine Hilfe, Tageserinnerungen auf Band zu sprechen. Dabei werden allerdings weniger Sinne angesprochen und die Erinnerung nicht so nachhaltig gestützt.

Peter G., der allein lebt, hat an seinem Bett ein kleines Diktiergerät deponiert, das er im Kaufhaus billig erworben hatte. Auf das Band spricht er, nach Nennung des Datums, ausschließlich Anmerkungen zu seinem Tag.

Ähnlich wie prominente Autobiografen, die meistens jemandem diktieren und andere überwiegend die Schreibarbeit machen lassen, kann das Diktierte später Grundlage für verschriftete oder verdichtete Berichte werden. Technikfans werden in Zukunft für solche Aufzeichnungen (auch zur Archivierung von Tonaufnahmen, Fotos oder anderen Dokumenten) den **Personalcomputer** verwenden und so zu neuen Darstellungsformen gelangen.

Bilderbuch

Lebensabschnitte oder konkrete Anlässe werden in illustrierten Tagebüchern erinnernd festgehalten.

● ICH/PAAR
○ GRUPPE
○ PROJEKT

● BESINNUNG
○ BEGEGNUNG
○ BILDUNG
○ KRISE

● BIOGRAFIE
○ SOZIALGESCHICHTE
○ ZEITGESCHICHTE

Ereignisse oder Lebensabschnitte können in bebilderten Heften, Kladden oder Alben festgehalten werden. Texte und Fotografien, eigene Zeichnungen oder Zeitungsausrisse werden dazugeklebt.

Wolfgang H. hatte ein Jahresabonnement beim Stadttheater gebucht und sechs Vorstellungen besucht. Er sammelte Programmhefte, Eintrittskarten, Fotos, Zeitungsrezensionen, Taxiquittungen und vereinte das Material mit seinen Eindrücken zu einer großen Collage der Theatersaison. Herr H. verfuhr ebenso mit seinen Reisen, den Familienfesten und hatte jetzt angefangen, ein solches Bilderbuch über das erste Schuljahr seines Lieblingsenkels anzufertigen. Auch schmerzhafte Ereignisse wie sein letzter Krankenhausaufenthalt wurden so »bearbeitet«. Mit den Jahren entwickelte sich eine kleine Bibliothek unterschiedlicher Lebensereignisse.

Der Vorteil gegenüber chronologischen Texten liegt in der thematischen Orientierung. Gleichzeitig besteht die Möglichkeit der Differenzierung: Sind die Erinnerungen intim oder können einzelne Bilderbücher an Dritte weitergegeben werden?

Foto-Tagebuch

● ICH/PAAR
○ GRUPPE
○ PROJEKT

● BESINNUNG
○ BEGEGNUNG
○ BILDUNG
○ KRISE

● BIOGRAFIE
○ SOZIALGESCHICHTE
○ ZEITGESCHICHTE

Fotos dokumentieren den Alltag.

Wer weder Interesse an schriftlichen Aufzeichnungen hat, noch Tonbanddiktate machen will, kann den Alltag mit Fotos dokumentieren. Eine kleine Kamera, immer in Griffnähe, hält erinnernswerte Situationen fest. Mit dem so gewonnenen Material werden später Alben zusammengestellt: Einige Fotos werden kommentiert, andere stehen für sich. Fotopädagogik hat in den letzten Jahren an Bedeutung gewonnen. Insbesondere Gruppen ermöglichen sie eine andere Qualität des »Knipsens«.

Gaby L. hat eine Kamera mit Selbstauslöser. Sie fotografiert sich jeden Sonntag in ihrem Wohnzimmer und hält so den Moment fest. Auf den Fotos sieht man sie manchmal unfrisiert im Morgenrock, beim Frühstück oder hinter einer Zeitung. Ab und zu tauchen andere Menschen auf, die bei ihr zu Gast waren. Seit einem Jahr verfährt Frau L. so und hat sich eine eigene Lebensgalerie geschaffen, die Ernsthaftes und Witziges verbindet. Frau L. hofft, dass sie diese Übung (»Es ist eine besondere Form der Meditation«) lange durchhält.

Biografisches Arbeiten ist nicht nur ernst, sondern muss sich auch um die Leichtigkeit des Lebens bemühen. Diese zu dokumentieren, ist allerdings schwer. Eine Variante des Foto-Tagebuchs ist die **Videoaufzeichnung**: Hier werden massenhaft Bilder gesammelt, durch die Art der Aufzeichnung aber unmittelbar ins Geschehen eingegriffen. So entstehen auch Verfälschungen.

Ein weiteres Problem tritt hinzu: Nicht Bilderfülle erleichtert Erinnerung, sondern die Konzentration auf Wesentliches. Video ersetzt nicht das Foto, sondern ergänzt es bestenfalls.

Wer allerdings einmal in die Bilderarchive der Videografen geschaut hat, wird schon aufgrund der Kassettenfülle verzweifeln.

Kurzzeittagebuch

In einer vorher festgelegten Zeit wird allein oder mit anderen Tagebuch geführt.

- ● ICH/PAAR
- ● GRUPPE
- ○ PROJEKT
- ● BESINNUNG
- ○ BEGEGNUNG
- ○ BILDUNG
- ○ KRISE
- ● BIOGRAFIE
- ○ SOZIALGESCHICHTE
- ○ ZEITGESCHICHTE

Wer sich viel vornimmt (»Ab heute schreibe ich jeden Tag in mein Journal!«), kommt zu wenig. Tagebuchaufzeichnungen über einen begrenzten Zeitraum, ein bestimmtes Ereignis, über die Beziehung zu einem Menschen stützen die Selbstdisziplin. Die gestellte Aufgabe ist überschaubar. Ein Tagebuch kann auch gemeinsam geführt werden. Dadurch verliert es zwar den durchgehend individuellen Charakter, gewinnt aber als Gruppenarbeit.

Während des Seminars »Abschied von der Arbeit« lag auf dem Stehpult ein Schreibbuch aus. Die Teilnehmer und Teilnehmerinnen wurden gebeten, ihre Eindrücke von den Themen des Seminars, vom Miteinander und ihrer eigenen Entwicklung während der Woche aufzuschreiben. Jeder verpflichtete sich, wenigstens einen Beitrag im Buch zu platzieren. Zugelassen waren Zeichnungen, Stichworte, Texte, kurzum alles, was mit dem Seminarthema in Verbindung stand.

Möglich ist auch, die Beiträge nach Tagen oder Halbtagen auf die Gruppenmitglieder zu verteilen. Allerdings bekommt das Tagebuch so den Charakter eines Protokollbuchs. Eine weitere Möglichkeit des Kurzzeittagebuchs: Bei mehrtägigen Veranstaltungen wird im Rahmen der Eröffnung den Teilnehmenden ein leeres Heft für eigene Aufzeichnungen während der gemeinsamen Zeit überreicht.

Das andere Tagebuch

● ICH/PAAR
○ GRUPPE
○ PROJEKT

● BESINNUNG
○ BEGEGNUNG
○ BILDUNG
● KRISE

● BIOGRAFIE
○ SOZIALGESCHICHTE
○ ZEITGESCHICHTE

Für Tagebücher kann man ein Gegenüber imaginieren.

Das Tagebuch ist ein Gegenüber – abstrakt. Manchen Menschen hilft es, sich ein konkretes Gegenüber vorzustellen. Ein berühmtes Beispiel der Weltliteratur ist das »Tagebuch der Anne Frank«. Das junge Mädchen gab seinem Tagebuch den Namen Kitty und imaginierte so eine Person, der sie alles schreiben konnte. So geschieht Zwiesprache mit einer anderen. Zwei Seiten einer Person werden getrennt und doch verbunden. Wenn der Partner oder die Partnerin stirbt, fehlt plötzlich das Gegenüber. Das Tagebuch »ersetzt« den geliebten Menschen mit seinen Möglichkeiten.

Nach fünfzigjähriger Ehe war der Partner von Monika C. plötzlich gestorben. Das Paar hatte ein erfülltes Leben hinter sich, gekennzeichnet durch viele Gespräche und Kontakte. Die Kontaktmöglichkeiten blieben Frau C., ihr fehlte aber das regelmäßige Gespräch am Abend. Unmittelbar nach der Beisetzung begann sie, ihrem verstorbenen Mann Briefe zu schreiben, in denen sie ihren Tag schilderte. Diese Briefe sammelt sie. »Die Briefe werden ihn nicht erreichen, aber vielleicht erreicht er mich«, sagt Frau C.

Tagebücher haben eine sehr intime Qualität. Der Schreiber oder die Schreiberin sollte verfügen, was damit am Ende des Lebens zu geschehen hat. So reizvoll ein Tagebuch für die Nachkommen sein mag, so wichtig ist es, im Leben aus der Gewissheit heraus zu schreiben, dass die Intimität auch über den Tod hinaus gewahrt werden wird.

Das Leben aufräumen

Der nahe Lebensraum wird »aufgeräumt«. Man trennt sich von Gegenständen, die einen bislang begleitet haben.

- ● ICH/PAAR
- ○ GRUPPE
- ○ PROJEKT
- ● BESINNUNG
- ○ BEGEGNUNG
- ○ BILDUNG
- ● KRISE
- ● BIOGRAFIE
- ○ SOZIALGESCHICHTE
- ○ ZEITGESCHICHTE

Im Laufe des Lebens füllen sich Räume, Ordner, Schubladen mit lieb gewonnenen Gegenständen: Geschenke, Souvenirs oder Erinnerungen an einzelne Menschen. Das Sammeln kann mit den Jahren zu einer Belastung werden. Zum Erinnern gehört das Vergessen, das Trennen. Trennung von lieb gewonnenen Gegenständen bedeutet: Ich belaste mich nicht mehr, ich schaffe innerlich und äußerlich neuen Raum. Dieser Raum steht symbolisch für füllbare Leere, für Konzentration und für den Wunsch nach neuer Erfahrung und Begegnung. Aufräumen kann zu einem schmerzlichen Akt werden, heißt Abwägen zwischen scheinbar Wichtigem und Unwichtigem. Es bedeutet die Angst vor dem Verlust eines Gegenstandes und der daran geknüpften Erinnerung. Das Leben-Aufräumen ist eine kleine Todeserfahrung, ist wie eine Übung für den großen Tod.

Margarete S. hatte ein erfülltes Leben gelebt. Sie wohnte siebzigjährig allein in ihrem Haus. Ihre drei Kinder waren lange ausgezogen, der Mann seit zwanzig Jahren verstorben. Frau S. entschloss sich, das Haus zu verkaufen und stattdessen in eine zentrumsnah gelegene Dreizimmerwohnung zu ziehen. Zwar protestierten die Kinder verhalten, sie verloren ihr Elternhaus, aber Frau S. ließ sich nicht beirren. Schon lange vor dem Umzugstermin begann sie, sich von Möbeln aller Art zu trennen. Sie wählte mit Bedacht aus, verschenkte, verkaufte und lud am Ende die Nachbarskinder ein, vier Kisten Erinnerungsstücke unterschiedlichster Art auf dem Flohmarkt zu verhökern.
Frau S. hatte in einem Schreibbuch verzeichnet, welche Gegenstände sie abgegeben hat. Diese Erinnerung wollte sie behalten.

Weniger die Angst vor dem Verlust des Gegenstandes, sondern die Angst vor dem Verlust der Erinnerung macht solche Abschiede schwer. Manchmal ist es hilfreich, alles, von dem man sich trennen will, zu fotografieren und diese **Fotografien** in einem Extra-Album aufzubewahren.

Archiv

● ICH/PAAR
○ GRUPPE
○ PROJEKT

● BESINNUNG
○ BEGEGNUNG
○ BILDUNG
○ KRISE

● BIOGRAFIE
○ SOZIALGESCHICHTE
○ ZEITGESCHICHTE

Archive sammeln verdinglichte Erinnerungen. Schriftstücke und Gegenstände werden aufbewahrt, um gesellschaftliche und private Lebenslinien entschlüsselbarer zu machen. Privatarchive haben die Funktion, eigene Erinnerungsarbeit zu stützen.

Im Laufe eines Lebens sammeln sich Fotos, Briefe, Lieblingsgegenstände, Erinnerungsfetzen. Sie verschwinden in Kisten und Kästen, in Ecken oder an besonders behüteten Stellen. Manches davon wird zufällig, anderes sehr gezielt aufbewahrt.

Menschen, die zur Systematik neigen, können ein Lebensarchiv anlegen. Sie entscheiden sich für einen Ort der Erinnerung in ihrer Wohnung und versammeln dort, was ihnen wichtig bleibt. Im Gegensatz zu professionellen Archiven wird diese Sammlung nicht durchstrukturiert, sondern eher intuitiv bestimmt sein.

Ins Archiv gehören Aufzeichnungen bzw. Gegenstände unterschiedlicher Art, insbesondere aber solche (Schrift)stücke, die den Lebensbogen kenntlich und erinnerlich machen lassen (Kalender, Tagebücher und Ähnliches).

Es ist sinnvoll, ab und zu das Gesammelte zu sichten: Was bleibt aufbewahrenswert, wovon will man sich trennen? Manches, was vor Monaten für die Erinnerung wichtig war, hat seinen Glanz verloren und ist nun »tot«.

Sammeln heißt immer auch Trennen. Ein Privatarchiv anzulegen bedeutet nicht: »Ich will mein ganzes Leben festhalten«, sondern: »Ich entscheide mich für das, was mir auch nach Jahren noch wichtig und erinnerungswert erscheint. Ich trenne mich von Unwichtigem oder Belastendem.«

Manche Eltern legen für ihre Kinder Archive an. Die Zeichnungen des Kindergartens werden gesammelt, die ersten Schulhefte, die Urlaubsgrüße in krakeliger Schrift. Tonbandaufnahmen werden gemacht, Videos halten die ersten Laufschritte fest. Schon nach einigen Jahren sind mehrere Kisten zusammengekommen: Es muss ausgewählt werden. Hier sind die Kinder zu beteiligen. Es ist ihr Material und damit (auch) ihre Erinnerung. Noch im Alter können solche Archive angelegt werden. Das Verstreute wird an einem Ort gesammelt. Bei Verwandten wird nach Fotomaterial gefragt und in Dorf- oder

Pfarrarchiven werden Erkundungen gemacht (die Geburtsurkunde, die Vorfahren). Bei der Lokalzeitung wird nachgeforscht, was am eigenen Geburtstag in der Kleinstadt passiert ist, was sich an den später folgenden Geburtsfeiertagen ereignete.

Als Hannes P. seinen achtzigsten Geburtstag feierte, hat er mit Hilfe seiner Tochter aus seinem Leben erzählt: Fotos waren auf Dia-Format gebracht worden, Zeugnisse und Urkunden auf einer Stellwand präsentiert, Alltagsgegenstände ausgestellt. Hannes P. erzählte dazu Ernstes und Anekdotisches, ließ sich ausfragen. Es entwickelte sich nicht nur ein Gespräch über sein Leben, sondern über die Zeiterfahrungen aller Mitfeiernden.

Manche Archive sind zufällig entstanden: Hier die Zeugnisse, dort die Fotoalben, im Keller bei den Flohmarktsachen weiterer Krimskrams der Vergangenheit. Versteckt sind Liebesbriefe oder Kladden mit Selbstgedichtetem. Diese Art des Sammelns entzieht sich der Systematik, ist vom Augenblick inspiriert und gerade deswegen oft authentischer als das gezielte, Erinnerung schönende Sammeln. Bei Verwandten finden sich manchmal wichtige Unterlagen oder Fotos einzelner Familienmitglieder oft aufschlussreich ergänzend, da diese Archivalien aus anderen Intentionen und Blickwinkeln aufgehoben wurden.

Künstler zeigten 1997 in München »Arsenale der Erinnerung«: Christo verpackte alte Zeitschriften, Spoerri archivierte verkrustetes Speisegeschirr und Stefan Hoderlein präsentierte sein »Kleidertagebuch«. Er hatte über 20 Jahre alle Kleidungsstücke aufbewahrt, fotografiert und die Fotos zu einer Installation montiert. So entstand ein **Erinnerungszentrum** eigener Art.

Erinnerungsstücke

● ICH/PAAR
● GRUPPE
○ PROJEKT

● BESINNUNG
● BEGEGNUNG
○ BILDUNG
○ KRISE

● BIOGRAFIE
○ SOZIALGESCHICHTE
○ ZEITGESCHICHTE

Von manchen Gegenständen trennt man sich lebenslang nicht. Sie haben tatsächliche, rituelle oder totemähnliche Bedeutung.

Mobiliar und Alltagsgegenstände wurden früher lang benutzt. Die Aussteuer hielt bis zum Tod, der Kleiderschrank wurde vererbt und das Familiensilber von Generation zu Generation weitergegeben. An allem haftete Erinnerung. In den letzten Jahrzehnten haben sich Wechsel und Wandel rasant beschleunigt. Mit dem Austausch in scheinbar nützlichere oder schönere Stücke geht der Verlust an Erinnerung einher. Die Bedeutungszuschreibungen für die neuen, schnelllebigen Stücke hingegen nehmen ab. Flohmärkte und Sperrmüllberge zeugen davon. Geblieben ist das Sammeln einzelner Erinnerungsstücke, die nicht auf dem Müll gelandet sind: Sie waren zu teuer oder zu erinnerungsträchtig. Welche Stücke in einem Zimmer oder einer Wohnung geben Zeugnis vom Leben? Welche Geschichten erzählen sie? Welches Rätsel bergen sie? Was sollen sie beschwören oder bannen? Banale Gegenstände werden erst aus dem Abstand heraus zu Stücken der Erinnerung. Der neue Blick muss sich erst einstellen. Zu ihm muss ermuntert werden.

Im Regal von Maria K., die eine sehr moderne, penibel gepflegte Wohnung besitzt, steht eine alte schmutzig-braune kleine Dose. Die Schrift ist nicht mehr lesbar, der Deckelrand eingebeult. Frau K. erzählt davon, dass darin in ihrer Kindheit der kostbare Kakao aufbewahrt wurde, in ihrer Jugend die seltenen Bonbons, später die Pfennigstücke für die Brautschuhe, dann die Briefmarken. Maria K. hat sie aus der Versenkung zurückgeholt und riecht den Kakao, schmeckt die seltenen Bonbons und denkt an ihren Mann, der schon drei Monate nach der Hochzeit gestorben ist.

Mit Erinnerungsstücken lassen sich **Erzählabende** bestreiten und kleine **Ausstellungen** machen, die zu Assoziationen und Ratespielen (»Was soll denn die gammelige Dose hier, Maria?«) verführen.

Dachboden

Dachböden sind symbolische oder tatsächliche Orte der Erinnerung.

● ICH/PAAR
● GRUPPE
● PROJEKT
● BESINNUNG
● BEGEGNUNG
○ BILDUNG
○ KRISE
● BIOGRAFIE
○ SOZIALGESCHICHTE
○ ZEITGESCHICHTE

Wenn der Platz im Lieblingszimmer nicht reicht, finden sich Ausweichmöglichkeiten für Erinnerungsstücke in anderen Räumlichkeiten. Später folgt die vorläufige Trennung: Puppen, Bücher oder Kleinmöbel wandern auf den Dachboden (in die Kellerkammer, die Gerümpelkiste). Nach Jahren kann man sich diesen Erinnerungstücken wieder nähern und begegnet Teilen eigener Biografie, die verschüttet waren. Eine neue, alte Welt leuchtet auf.

Der Freundeskreis traf sich regelmäßig zu Stöberrunden auf den jeweiligen Dachböden. Wunderliches kam aus Kisten zum Vorschein, weckte die Erzähllust und gab da, wo die Bedeutung endgültig vergessen war, Rätsel auf. Erinnerung wurde so ritualisiert: Man saß im Dunklen, trank Rotwein und der Besitzer erzählte, bis er heiser wurde.

Erinnerung heißt, einen Menschen in den Mittelpunkt zu stellen, ihm mit seinem Leben eine Bühne zu geben und dadurch zu bedeuten: Du bist wichtig (gewesen). Älteren Menschen gelingt dies eher, wenn Vorgaben zu Zeit, Ort und Ablauf gemacht werden. Der Tendenz zur Eigenabwertung (»Was könnte euch an meinem Leben schon interessieren?!«) wird so vorgebeugt.

Briefe

ICH/PAAR
GRUPPE
PROJEKT

BESINNUNG
BEGEGNUNG
BILDUNG
KRISE

BIOGRAFIE
SOZIALGESCHICHTE
ZEITGESCHICHTE

Persönliche Briefe werden gesammelt und stellen Aufzeichnungen, Reflexionen und Gegenreflexionen dar.

Neben Tagebüchern sind Briefe oft die einzigen Schriftstücke, die Auskunft über einzelne Menschen geben. Mit ihnen können Lebensabschnitte oder Lebenssegmente rekonstruiert und erinnert werden. Wie auch für andere Aufzeichnungen gilt: Der Empfänger oder die Empfängerin bestimmt den Grad der Verwertung. Sie können z.B. Erinnerungsmaterial für Einzelne, Materialsammlung für verschriftete Lebenserinnerung oder Lesestoff für Verwandte sein. Mancher hat früh damit angefangen, von eigenen Briefen Kopien anzufertigen oder sie im Computer abzuspeichern. So hat man Briefwechsel in Händen und kann Aussagen, Fragen und Antworten später nachvollziehen.

Lisa B. hatte verfügt, dass ihr Tagebuch nach dem Tod verbrannt, ihre Briefe aber gelesen werden dürften. Die Kinder beugten sich dieser Verfügung. Durch das Studium der Briefe lernten sie auch die vormütterliche Zeit kennen und stellten Vergleiche mit ihrer eigenen Lebensgeschichte an. Was war für ihre Mutter in einem bestimmten Lebensabschnitt wichtig und was für sie als Kinder? Welche Brüche, Andersartigkeiten und Übereinstimmungen konstatierten sie?

Selten eignen sich Briefe für die Öffentlichkeit.

In den achtziger Jahren rief das Stadttheater Hildesheim dazu auf, private Liebesbriefe zur Verfügung zu stellen. Anonymisiert wurden diese zu einer Lesung zusammengestellt und lieferten Erinnerungsanregungen für die Zuhörer und Zuhörerinnen.

Der Schriftsteller Walter Kempowski hat in seinem Nartumer Haus jahrelang private Aufzeichnungen vieler Menschen archiviert, um die er u.a. in Zeitungsanzeigen gebeten hatte. Darunter waren viele Briefe. Vor einigen Jahren veröffentlichte er drei dickleibige Bände mit dem Titel »Echolot«. Hier hat er Materialien von Januar und Februar 1943 (in dieser Zeit fand die Schlacht bei Stalingrad statt) zusammengestellt, darunter sehr viele private Briefe. Es entstand ein Flickenteppich unterschiedlicher Texte und Eindrücke, nah und fremd zugleich.

Assoziationen und Imaginationen

oder: Die letzten Abenteuer spielen im Kopf

Guter Mann, wenn ich Dir sage,
daß eine Fliege den Pflug ziehen kann,
frag mich nicht wie –
sondern spanne sie an.

Muhammad Ali

Assoziationsübungen

- ● ICH/PAAR
- ● GRUPPE
- ○ PROJEKT
- ○ BESINNUNG
- ● BEGEGNUNG
- ● BILDUNG
- ○ KRISE
- ● BIOGRAFIE
- ○ SOZIALGESCHICHTE
- ○ ZEITGESCHICHTE

Assoziationen können in Gruppen methodisch provoziert werden.

Im Folgenden sollen einige Vorschläge für Assoziationsübungen gemacht werden. Diese sind jeweils methodische Reaktionen auf eine Thema-Frage (z.B. »Wie alt möchten Sie heute gern sein?«)

- *Ein Begriff wird in die Gruppe gegeben und die Teilnehmer sollen möglichst schnell ihre Assoziationen zurufen, die unkommentiert auf einer Tafel festgehalten werden.*
- *Zu einem Thema wird eine Geschichte erzählt: Ein Wollknäuel, zusammengeknüpft aus unterschiedlichen Fadenresten wird abgewickelt. Das Gruppenmitglied muss so lange erzählen, wie der Faden bis zum nächsten Knoten durch seine Hand läuft. Dann wird das Knäuel weitergegeben.*
- *Gegenstände unterschiedlicher Art werden in die Kreismitte gelegt. Die Anwesenden entscheiden sich unter der Thema-Frage für einen Gegenstand und nutzen diesen als Medium.*
- *Alle sitzen an Tischen im Kreis. Jeder erhält ein leeres Blatt mit der Bitte, sich zum Thema zu äußern. Dann werden die Blätter im Uhrzeigersinn weitergegeben. Jeder soll eine Assoziation dazu schreiben. Wiederum wechseln die Blätter, erneute Assoziation usw.*
- *Nach dem gleichen Prinzip wird mit einzelnen Wörtern verfahren: Das Schlüsselwort zum Thema (z.B. »Berufsabschied«) wird auf einem Bogen Papier verzeichnet, der Nachbar assoziiert ein neues Wort, knickt aber vor der Weitergabe das vorletzte Wort so um, dass es für seinen Nachbarn nicht mehr lesbar sein wird.*
- *Im Kreis werden auf eine Decke sieben Gegenstände unterschiedlicher Art gelegt (z.B. Kerze, Tuch, Stacheldraht, Buch, Stift, Blume, Stein). Die Teilnehmer und Teilnehmerinnen sollen jeweils ein geordnetes Ensemble herstellen. In den Kreis dürfen immer nur Einzelne treten und das Ensemble verändern.*
- *Thematisch orientierte Bilder werden im Raum ausgelegt. Jedes Gruppenmitglied wählt eins aus, erläutert seine Wahl und seine innere Reaktion.*

- *Zum Thema bzw. zur thematischen Frage werden Kurzantworten gegeben. Der Nachbar soll mindestens drei Gegenargumente, Widersprüche oder Ergänzungen machen. Dieser Vorgang kann gegebenenfalls verlängert werden, indem ein dritter Teilnehmer zur Reaktion auf den Zweiten ermuntert wird.*

Der Leiter solcher Übungen hat die Aufgabe, alle Äußerungen öffentlich zu machen und dafür zu sorgen, dass sie angemessen zur Kenntnis genommen werden.

ICH/PAAR
GRUPPE
PROJEKT

BESINNUNG
BEGEGNUNG
BILDUNG
KRISE

BIOGRAFIE
SOZIALGESCHICHTE
ZEITGESCHICHTE

Kleinigkeiten des Alltags sind Assoziationsmaterial und helfen erinnern.

Der Geruch alter Bücher, der Klang einer Glocke, seltene Gewürze, gestärkte Tischwäsche oder Handschriften regen Fantasien an. Menschen benötigen für Erinnerung Assoziationen. Anknüpfungspunkte müssen gefunden werden. Je emotionaler diese besetzt sind, desto reichhaltiger die Erinnerung. Trödelläden, Flohmärkte, alte Zeitungen oder Filme sind wahre Supermärkte der Erinnerung. Von ihnen gehen Signale aus, die aufgefangen und weitererinnert werden.

In einem Bildungsurlaubsseminar stellte der Referent eine alte Packung Persil (die mit der strahlenden Frau und zum Himmel gerecktem Arm) auf den Tisch. Sofort entzündete sich ein Gespräch: Zuerst wurde Anekdotisches zum Besten gegeben, dann die Anschaffungsdaten der ersten »Construkta« ausgetauscht. Zuletzt verweilte das Gespräch bei der mühseligen Arbeit des Wäschewaschens mit der Hand und der Feststellung, dass dies ausschließlich Aufgabe der Frauen gewesen sei. Männer hätten nie Wäsche auf die Leine gehängt. Am Abend schaute die Gruppe ein Video mit Werbespots aus den fünfziger Jahren an. Die Nacht wurde sehr lang und lustig.

In Basel hat ein Museum **Gerüche** »ausgestellt« und so die Palette der sonst üblichen Erinnerungsarbeit verbreitert. Gerüche eigener Kindheit symbolisch »auszustellen« (Wie riecht Weihwasser? Wie riechen Erdbeeren aus dem eigenen Garten? Wie rochen die Eltern?), führt zu interessanten Assoziationen und Erinnerungen.

Grafiken

Abstrahierte Zeichen ermöglichen, unstrukturierte Erinnerungen zu konzentrieren.

- ● ICH/PAAR
- ● GRUPPE
- ○ PROJEKT
- ● BESINNUNG
- ● BEGEGNUNG
- ○ BILDUNG
- ○ KRISE
- ● BIOGRAFIE
- ○ SOZIALGESCHICHTE
- ○ ZEITGESCHICHTE

Je konkreter und kräftiger eine Metapher (bildlicher Ausdruck) oder ein Symbol (Sinnbild) ist, desto einschränkender wirken sie. Sie kanalisieren Erinnerungsarbeit, weil sie zuerst eine bestimmte emotionale Schicht des Erinnernden ansprechen. Der Nachteil liegt auf der Hand, der Vorteil ist die Tiefung der Erinnerung in dem Bereich, in dem man sich ansprechen lässt. Abstrakta wie Labyrinth oder Strahl (die auch Symbole sind) kanalisieren meistens weniger. Sie müssen emotional besetzt oder erschlossen werden (indem z.B. ihre Bedeutung erklärt wird).

Manche Erinnernde reagieren auf solche Vorgaben eher, ihre Erinnerung ist weniger spezialisiert oder »voreingenommen«.

Lebensweg-Zeichen

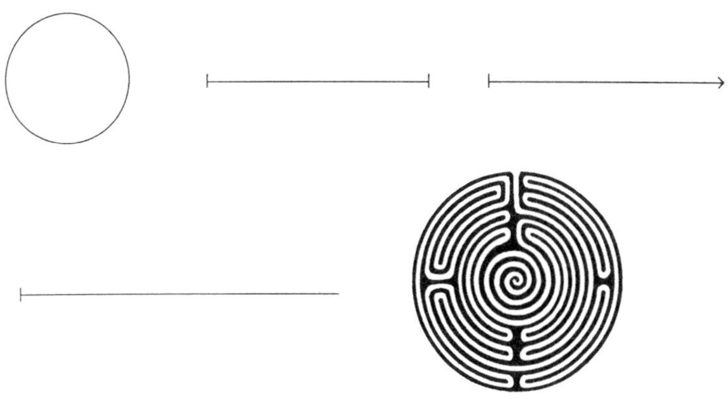

Bei einer Meditation wurden die Teilnehmer und Teilnehmerinnen gebeten, ein Labyrinth (das Labyrinth ist im Gegensatz zum Irrgarten ein Weg, der immer ein Ziel hat) zu betrachten und zu assoziieren.

Bei entsprechenden Prozessen kann sich an die Assoziationsarbeit noch ein Deutungsangebot der Leitung anschließen, um Kontrast und Ergänzung zu ermöglichen.

ICH/PAAR
● GRUPPE
● PROJEKT

BESINNUNG
BEGEGNUNG
● BILDUNG
KRISE

BIOGRAFIE
● SOZIALGESCHICHTE
ZEITGESCHICHTE

Erinnerungen werden durch Orte hervorgerufen: Friedhöfe, Museen, Denkmäler.

Biografisches Arbeiten braucht Orte und Verortungen nicht nur symbolisch. Orte stehen meistens für Beheimatung oder Ablehnung von Heimat. Sie schildern antizipatorisch Zukunft (»Wie wird es mir im Park des Altenheimes ergehen?«) oder eine Vergangenheit, die nicht war (»Was wäre gewesen, wenn ich in diesem bombardierten Stadtteil gelebt hätte?«). Sich einlassen heißt, Orte emotional besetzen, sie als Lebensmöglichkeit einbeziehen. Das Erleben von Orten ist unterschiedlich und bestimmt durch den Moment. Daraus erwachsen Spannungen und neue Perspektiven. Der Spaziergang über einen Friedhof wirft je nach Lebensalter unterschiedliche Fragen auf: Wie lange lebe ich? Wie lange werden meine Angehörigen leben? Ist dieser Ort ein Platz für mein Bild von »letzter Ruhe«? Grabsteine erzählen Schicksale. Neben den Orten des Todes gibt es solche, die lebendige Vergangenheit darstellen: Museen zumal, wenn sie sich mit Geschichte befassen oder Denkmäler.

Während eines Stadtspaziergangs war die Gruppe aufgefordert worden, bis zu drei Denkmäler zu suchen, die mit ihrer eigenen Lebensgeschichte zu tun haben oder haben könnten. Vom Leiter wurden diese mit einer Polaroidcamera fotografiert. Schon während des Spazierganges entstanden lebhafte Gespräche über Erinnerungen. Bald erkannte man, dass nicht allein Kriegerdenkmäler oder Bismarck-Statuen sich eigneten, sondern auch eine alte Kapelle, eine Gedenktafel für die ermordeten Juden, eine zerfledderte Litfasssäule, eine moderne Plastik, ein voller Autoparkplatz mit einem leeren Kinderwagen, der Marktbrunnen, ein Graffito. Assoziative Geschichten wurden anschließend ausgetauscht, die Fotos auf ein Plakat geklebt.

Nach dem gleichen Prinzip können **Öffentliche Texte** (auf Gedenktafeln, in Werbeplakaten, Kirchen oder als Grafitti) gesammelt und ausgewertet werden. Viele (stadthistorische) Museen bieten im Rahmen ihrer pädagogischen Arbeit Themen (»Kochen wie Großmutter«, »Fachwerkbau im Mittelalter«) an, die Biografisches Arbeiten unterstützen.

Imaginierte Orte

Imaginierte Orte helfen, Lebensträume weiterzuträumen oder Ungelebtes gedanklich zu simulieren.

● ICH / PAAR
○ GRUPPE
○ PROJEKT

● BESINNUNG
○ BEGEGNUNG
○ BILDUNG
● KRISE

● BIOGRAFIE
○ SOZIALGESCHICHTE
○ ZEITGESCHICHTE

Für Menschen, die der Pflege bedürfen und bettlägerig geworden sind, kommen viele Möglichkeiten des biografischen Arbeitens nicht mehr infrage. Sie sind auf ihre Erinnerungen, ihre Fantasien angewiesen. Pflegende können diese Fantasien produktiv stützen, indem sie Anregungen geben. Sie bitten um Erzählung, fragen detailliert nach, äußern Fantasien und begeben sich so mit erinnernden Menschen auf die Reise. Daraus kann eine spezielle »Reisebeziehung« werden. Pflegende sind das Gegenüber, die Begleitpersonen. Sie bieten ihre Assoziationen an, damit der Erinnernde mit seinen Assoziationen darauf antwortet und sich so erinnert. Ungelebte oder ersehnte Realitäten können simuliert werden.

Der Pflegende erzählt von seiner letzten Urlaubsreise nach Italien. Frau S. hat Italien nie besucht, aber immer eine große Sehnsucht nach dem Lande, »in dem die Zitronen blühen«, gehabt. Sie nimmt die Erzählungen auf und in ihr entwickelt sich ein eigenes Italienbild. Der Pflegende illustriert seine Fragen und reichert so das Bild der Kopfreisenden an. Menschen begegnen ihnen unterwegs. Er fragt nach Aussehen und Verhalten, scheut sich auch nicht, kleine Korrekturen aufgrund eigener Erfahrungen anzubringen. So entstehen im Dialog Bilder. Angereichert werden können diese Gespräche mit Fotos, Rotwein, ein wenig italienischem Essen je nach Möglichkeit.

Die letzten Abenteuer werden im Kopf stattfinden. Dies muss nicht eine verschämte Vorstellung sein, sondern kann Lebenserfahrung runden, abschließen. Es ist wichtig, Erinnernden, die bettlägerig sind, solche Anregungen geben zu können und ihnen ein Gegenüber zu sein. Die Psychotherapeutin Naomi Feil hat mit der Methode der **»Validation«** darauf aufmerksam gemacht, dass die »verrückten« Bilder im Kopf ernst genommen und als Realitäten angenommen werden müssen, damit sie für die Verwirrten ihre Beklemmung verlieren. Übertragen auf die Biografiearbeit heißt das: Träume sind Realitäten, die weitergeträumt werden dürfen und müssen.

Traumspaziergang

- ● ICH/PAAR
- ○ GRUPPE
- ○ PROJEKT
- ● BESINNUNG
- ○ BEGEGNUNG
- ○ BILDUNG
- ● KRISE
- ● BIOGRAFIE
- ○ SOZIALGESCHICHTE
- ○ ZEITGESCHICHTE

Bekannte Wege und Orte werden mental besucht.

Anders als bei den **Imaginierten Orten** werden beim Traumspaziergang tatsächliche Orte simuliert.

Magda T. war seit längerer Zeit bettlägerig. Immer wieder erzählte sie vom ersten Haus, dass sie gemeinsam mit ihrem Mann bewohnt hatte. Die Pflegerin ließ sich den Ort genau schildern, redundant. Wie waren die Zimmer eingerichtet, was hing an den Wänden, wo wurde gefeiert, was hatte sich im Sommer ereignet, wer waren die Nachbarn? Nach solchen Gesprächen machte die Pflegerin sich kleine Notizen, um später Anknüpfungspunkte zu finden und auf einen ähnlichen »Informationsstand« wie Frau T. zu kommen. Am Ende eines solchen Gespräches fragte sie einmal, wie groß ihre Sehnsucht sei, das Elternhaus noch einmal real zu besuchen? Frau T. winkte ab und meinte nur: »Jetzt reicht es so.«

In vielen Situationen ist es sinnvoll, die Erinnerungsarbeit durch Erinnerungsstücke zu ergänzen oder anzuregen. Wichtig ist es, bei der Lebensgeschichte der Erzählenden zu bleiben und in sie einzutauchen. Streng genommen ist das kein Gespräch, sondern ein von außen angeregter Monolog.

Lebenskonferenz

Nicht Gesagtes oder verhinderte Begegnungen belasten das Leben bis zuletzt, wenn sie nicht wenigstens gerundet oder angesprochen werden können.

- ● ICH/PAAR
- ○ GRUPPE
- ○ PROJEKT
- ● BESINNUNG
- ○ BEGEGNUNG
- ○ BILDUNG
- ● KRISE
- ● BIOGRAFIE
- ○ SOZIALGESCHICHTE
- ○ ZEITGESCHICHTE

Nicht alle Begegnungen im Leben können gelingen. Es gibt Beziehungsabbrüche, Streit, unausgesprochene Vorbehalte oder ungelebte Sehnsüchte. Je näher das Lebensende rückt, desto größer wird der Wunsch, das Misslungene nachträglich gelingen zu lassen, das Verletzte zu heilen, das Zerstörte zu versöhnen. In manchen Fällen mag dies gelingen, in vielen Fällen nicht: Das Gegenüber ist mittlerweile tot oder nicht auffindbar, der Betroffene selbst nicht mehr in der Lage, diesen Kontakt anzubahnen. In Gesprächen erschließen sich solche unvollendeten Begegnungen. Der alte Mensch wird ermuntert, seine Wünsche, Sehnsüchte oder Flüche (laut) auszusprechen und in Zwiesprache zu gehen. Das abgebrochene Gespräch wird zu Ende geführt, begleitet von der Person des Vertrauens.

Karl B. war Polier geworden und am Ende der Berufslaufbahn erzählte er, sein größter Wunsch sei es gewesen, Opernsänger zu werden. Sein Talent habe man zwar entdeckt, die Eltern hätten aber nicht das Geld besessen, um die Gesangsausbildung zu finanzieren. Herr B. berichtete stockend von seinen verzweifelten Bemühungen, das Studium selbst zu finanzieren. Das sei ihm wegen der Doppelbelastung nicht gelungen. Ein entfernter Freund, der später bekannter Kammersänger wurde, war sein lebenslanges Vorbild. Ihm, fiktiv im Raum vorhanden, erzählte er seine Lebens- und Leidensgeschichte. Die Zuhörer waren ergriffen und baten, am Abend für sie ein kleines Konzert zu geben.

Manchmal ist es hilfreich, einen **leeren Stuhl** anzubieten und den Erzähler zu bitten, seinen Gesprächspartner zu imaginieren. Am Ende des Lebens möchten Menschen Bilanz ziehen: Die Lebenskonferenz kann alle noch einmal um den Tisch oder das Bett versammeln und der Abschiednehmende spricht die für ihn offenen Worte.

Vergangenes symbolisch heilen

● ICH/PAAR
○ GRUPPE
○ PROJEKT

○ BESINNUNG
○ BEGEGNUNG
○ BILDUNG
● KRISE

● BIOGRAFIE
○ SOZIALGESCHICHTE
○ ZEITGESCHICHTE

Durch Gesten kann verletztes Leben innerlich geheilt werden.

Imaginierte Gespräche vermögen, symbolisch zu heilen. Briefe, die symbolisch abgeschickt werden, wirken oft entlastend auch wenn der eigentliche Adressat nicht (mehr) erreicht werden kann. Menschen, die religiös orientiert sind, können ermuntert werden, das Unbeendete ins Gebet einzubinden und Versöhnung sozusagen transzendent zu leben. In Ersatzhandlungen wird wieder gutgemacht, was das Leben zerstörte.

Klara F. hatte sich mit ihrer Mutter überworfen und nach Jahren der Trennung war diese gestorben, ohne dass Klara F. wieder Kontakt mit ihr aufgenommen hatte. Nach dem Tod der Mutter geriet sie in eine tiefe Krise, machte sich Selbstvorwürfe, erkrankte seelisch und fand erst einen Ausweg auch aus dem inneren Zerwürfnis, als sie einen regelmäßigen Kontakt zu einer allein lebenden Dame begann. Sie erhob diese, zeitlich begrenzt, zu ihrer »Mutter« und versuchte gutzumachen, was mit ihrer Mutter misslungen war.

Solche Ersatzhandlungen können problematisch sein, wenn sie zur fixen Idee werden. Manche zerbrechen gerade daran, dass sie Unvollendetes ständig wiederholen oder sich im Versuch des »Heilens« übersteigern.

Kleine und große Bilanzen

oder: Sterben dauert ein ganzes Leben

Der Tod kommt nur einmal,
und doch macht er sich in allen
Augenblicken des Lebens fühlbar.
Es ist herber, ihn zu fürchten,
als ihn zu erleiden.

Jean de La Bruyère

Energiekuchen

● ICH/PAAR
● GRUPPE
○ PROJEKT

● BESINNUNG
○ BEGEGNUNG
○ BILDUNG
● KRISE

● BIOGRAFIE
○ SOZIALGESCHICHTE
○ ZEITGESCHICHTE

Wie viel Kraft hat das Leben gekostet, worauf ist die Konzentration gelenkt worden?

So wie die Lebenszeit begrenzt ist, ist die Lebenskraft (d.h. psychisch und physisch) beschränkt. Im Laufe der Jahre konzentriert sich der Mensch freiwillig oder aufgrund äußerer Lebensumstände auf bestimmte Abschnitte, Menschen, Themen oder Einzelereignisse. Lebenskraft wird selten »freiwillig« eingesetzt, sondern meistens abgefordert. Aktivität und Passivität bedingen einander und nehmen Einfluss. Vitalität ist von außen kaum messbar und nicht immer am »Lebenserfolg« erkennbar. Mit einer Übung kann reflektiert werden, wie die Lebenskraft verteilt worden ist bzw. wofür sie aufgewandt werden musste.

Auf einem Arbeitsblatt oder Plakat wird ein Kreis gezeichnet. Jeder beantwortet die Frage für sich: »Worauf habe ich meine Lebenskraft verteilt?« Nach Sammlung der entsprechenden Ereignisse etc. wird jeder aufgefordert, Kreissegmente zu kennzeichnen: große Stücke für viel Kraftaufwand, kleinere für geringeren. Der Kreis kann als Kuchen bezeichnet werden, aus dem unterschiedlich große Stücke geschnitten werden.

Die allgemeine Frage ist variierbar: Sie wird auf Menschen im Leben, Lebensabschnitte oder Lebensthemen bezogen (»Wie viel Zeit haben Sie für welche Menschen in Ihrem Leben aufgewandt?«, »Worauf haben Sie sich in der Familienphase konzentriert?«, »Was waren Ihre Interessen in der Jugendzeit?«).

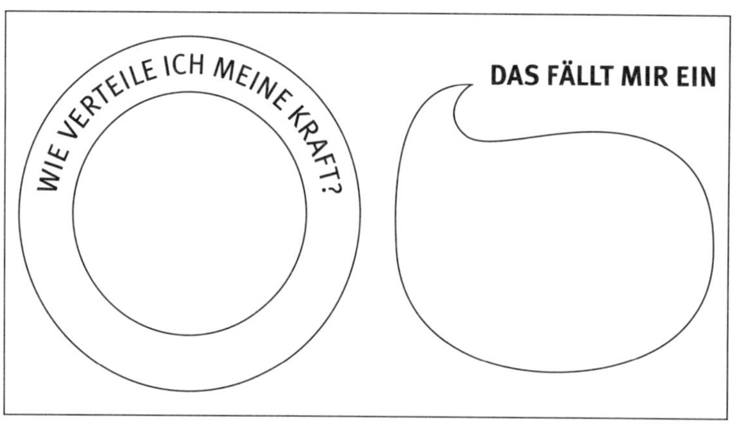

Prioritäten

Lebensziele widersprechen sich oft. Die Auseinandersetzung mit eigenen Prioritäten stärkt und ermöglicht Rückblicke.

- ICH/PAAR
- GRUPPE
- PROJEKT
- BESINNUNG
- BEGEGNUNG
- BILDUNG
- KRISE
- BIOGRAFIE
- SOZIALGESCHICHTE
- ZEITGESCHICHTE

Diese Methode ermöglicht in Gruppen eine Auseinandersetzung über Lebensprioritäten. Sie ist bewusst als Entscheidungsaufgabe angelegt. Die Teilnehmer setzen intellektuell Prioritäten. Sie wägen ab. Sie sollen ihre Prioritätenentscheidung in der Gruppe vertreten und in ein so genanntes Gruppenurteil einbringen. Dieses Gruppenurteil soll nicht statistisch entstehen, sondern erarbeitet, d.h. durch Diskussion und Überzeugung gewonnen werden.

Die Ergebnisse dieser Methode sind weniger wichtig. Sie sind mit zu vielen Variablen belastet, die mit dem tatsächlichen Leben der Erinnernden wenig zu tun haben: Sozial Erwünschtes wird formuliert, Schwächen und geheime Sehnsüchte eher versteckt als offen benannt.

Der Prozess der Auseinandersetzung erfolgt innerlich. Der Entscheidende muss sich selbst Rechenschaft geben über das, was gesellschaftlich, repräsentiert durch die Gruppe, gewünscht wird und was für ihn wichtig ist. Daraus entsteht eine Spannung, die auszuhalten ist und im gelingenden Fall reflektiert werden kann.

Die Eingangsfrage für eine solche Methode und die daraus folgenden Vorgaben können unterschiedlich sein. Sie bilanzieren, sind auf das Gegenwärtige oder Zukünftige gerichtet.

Es werden Kleingruppen mit maximal vier Personen gebildet. Jeder erhält eine Vorgabenliste und soll diese Vorgaben in eine Prioritätenfolge von 1 bis 12 bringen. Nach einer vereinbarten Zeit setzt sich die Kleingruppe zusammen und versucht durch gegenseitige Überzeugung ein Gruppenergebnis der Prioritäten, wiederum von 1 bis 12, zu erarbeiten. Dieses Ergebnis wird in die Plenumsgruppe eingebracht und dort mit den Ergebnissen anderer Kleingruppen verglichen. Diese können sich ähneln oder unterscheiden. Meistens wird festgestellt, daß einzelne Aussagen unterschiedlich ausgelegt wurden. Diese »Missverständnisse« sind gewollt und sollen reflektiert werden. Zur Fragestellung »Was ist mir wichtig im Leben?« kann z.B. der folgende Prioritätenbogen verteilt werden.

Was ist mir wichtig?

Bringen Sie die folgenden Äußerungen in eine Rangfolge, je nachdem, wie wichtig sie Ihnen sind.

Geben Sie dem Wichtigsten eine 1, dem Unwichtigsten eine 12. Urteilen Sie zuerst persönlich. Wenn alle Gruppenmitglieder ihren Bogen ausgefüllt haben, soll die Gruppe gemeinsam eine Rangfolge aufstellen. Diese können Sie zum Vergleich in die 2. Spalte eintragen.

Mir ist wichtig:	**eigenes Urteil**	**Gruppenurteil**
als Gesprächspartner/in gesucht zu sein	( )	( )
ein gutes Körpergefühl zu haben	( )	( )
sportlich fit zu sein	( )	( )
gesund zu sein	( )	( )
Körperkraft zu haben	( )	( )
genügend Geld (mehr als das Existenzminimum) zu haben	( )	( )
jederzeit Gemeinschaft zu finden	( )	( )
lange zu leben	( )	( )
Erfolg zu haben	( )	( )
anerkannt zu sein	( )	( )
leidensfähig zu sein	( )	( )
als alternativ zu gelten	( )	( )

Was ist sonst noch wichtig?

____

____

____

Je nach Vermögen der Gruppe sollte das Spannungsverhältnis zwischen sozial Erwünschtem und tatsächlichen Vorstellungen thematisiert werden. Lebensziele können auch über **Thesenblätter** reflektiert werden: Die Aussagen werden nicht in einer Prioritätenliste aufgeführt, sondern einzeln auf A3-Bögen kopiert. Die Plakate werden auf den Arbeitsraum verteilt. Jeder erhält die Aufgabe, die einzelnen Thesen in angemessener Zeit zu bedenken und sich dann zu einer Aussage zu stellen (im Wortsinne). So bilden sich Gruppen, die miteinander diskutieren und eventuell andere zu ihrer These »abwerben«. Meinungsbilder entstehen, die später im Gesamtgruppengespräch vertieft werden können.

Wert und wichtig

ICH/PAAR
● GRUPPE
PROJEKT

● BESINNUNG
● BEGEGNUNG
BILDUNG
KRISE

● BIOGRAFIE
SOZIALGESCHICHTE
ZEITGESCHICHTE

Spielerisch, in einer Versteigerung, werden Prioritäten des eigenen Lebens benannt bzw. reflektiert.

Aus welchen Ideen, mit welchen Werten oder Werthaltungen leben Menschen? Wie prägen diese Handeln, wo werden sie relativiert, wo streng durchgehalten? Biografiearbeit hilft, Bilanz zu ziehen und gleichzeitig die Orientierung in den letzten Lebensjahren zu klären. Durch die Übung wird erfahrbar, dass Entscheidungen oft nicht mehr zurückgenommen werden können und gegebenenfalls andere wichtige Lebensinhalte verbauen. Deutlich wird, dass gleichwohl jeder mit dem Erworbenen arbeiten und leben, es entwickeln oder nutzbar machen kann. Im Auswertungsgespräch werden die Parallelitäten zum eigenen Leben je nach Situation und Bereitschaft herausgearbeitet. Das Spielerische wird relativiert oder aber in seiner Bedeutung und Wirklichkeitsnähe unterstrichen.

Jeder erhält 10 Erbsen (»Spielgeld«). Der Spielleiter verfügt über etwa 50 Zettel, auf denen Haltungen, Wünsche oder Werte verzeichnet sind.

(Beispiele: »Ohne Krieg leben«, »Sportlich sein«, »Über viel Geld verfügen«, »Freundlich sein«, »Guter Nachbar sein«, »Geduldig sein«, »Lange leben«, »Viele Enkel haben«, »Viele Reisen machen«, »Um Rat gefragt werden«, »Sexuell attraktiv bleiben« usw.)

Der Spielleiter liest die Zettel einzeln vor. Unmittelbar nach dem Verlesen versteigert er die Haltung, den Wunsch oder Wert. Wer am meisten Erbsen bietet, bekommt den Zettel sofort ausgehändigt und ist jetzt Eigner bzw. Träger der entsprechenden Aussage.

Der Effekt des Spieles ist, dass am Anfang nicht klar ist, ob im Laufe des Spieles noch »wertvollere« Haltungen etc. angeboten werden. Die Spieler und Spielerinnen müssen sich jedes Mal neu entscheiden. So ist es möglich, dass derjenige, der sparsam war, am Ende für relativ wenig Einsatz wichtige Haltungen etc. ersteigert, während eine andere enttäuscht über die Ausbeute ist, da sie zu Anfang ihr Geld zu schnell ausgegeben hatte. Am Ende der Versteigerung sollen alle ihr Erwor-

benes sichtbar ausbreiten. Der Spielleiter beginnt das Gespräch mit der Frage: »Wie zufrieden sind Sie mit dem Ersteigerten?«

Die Übung dauert etwa 45 Minuten je nach Gruppengröße und darauf abgestimmte Zettelzahl. Für das Auswertungsgespräch muss entsprechend Zeit eingeräumt werden.

Das Spiel kann erweitert werden, indem ein nachträglicher Tauschhandel zugelassen wird. Dabei können neue »Geschäfte« gemacht werden.

Das Thema des Spiels ist eingrenzbar (»Meine Partnerschaft«, »Meine Freizeit« oder »Meine Kinder und Enkel«). Die Zettel sind dann auf die entsprechende Thematik abzustimmen.

(Nach Angaben meines Kollegen Alexander Daranyi, Lilienthal)

Dialogischer Stern

- ● ICH/PAAR
- ● GRUPPE
- ○ PROJEKT
- ● BESINNUNG
- ○ BEGEGNUNG
- ○ BILDUNG
- ● KRISE
- ● BIOGRAFIE
- ○ SOZIALGESCHICHTE
- ○ ZEITGESCHICHTE

Mit dem Dialogischen, dem Zweipoligen, wird die eigene Existenz beschrieben und eine Bilanzmethode angeboten.

Menschen leben aus Widersprüchlichem und Gegensätzlichem. Im Asiatischen wird dies mit »Yin und Yang« beschrieben: Das Trennende ist auch immer das Gemeinsame. Lebenserfahrungen haben zwei Seiten und beide Seiten haben ihren Sinn. Zum Glück gehört das Unglück, zur Geburt das Sterben, alles zu seiner Zeit. Diese Grunderfahrungen, die Poligkeit unserer Existenz, kann ein Raster für Bilanzarbeit sein.

Die Pole Männlichkeit/Weiblichkeit, Verschmelzung/Trennung, Schöpfung/Tod, Gesellschaft/Individuum, Zukunft/Vergangenheit, Alltag/Universum und Körper/Seele werden an einer Kreislinie gegensätzlich aufgeschrieben und durch Linien verbunden, die sich im Kreismittelpunkt treffen.

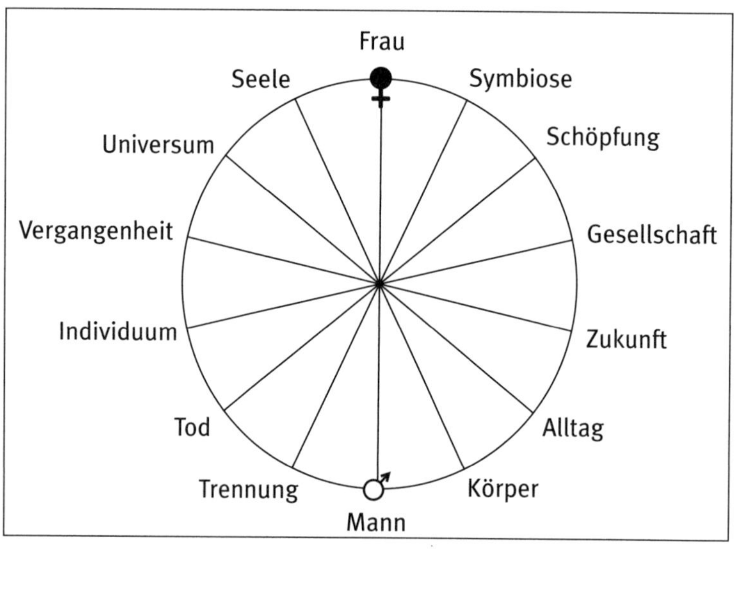

Jeder Erinnernde bekommt ein eigenes Arbeitsblatt mit dieser Ausgangsgrafik und wird gebeten, die Frage »Was habe ich in meinem bisherigen Leben gelebt?«, dahin gehend zu beantworten, dass er auf den Strecken zwischen den jeweiligen Polen einen Punkt setzt. Entscheidet er sich genau für die Mitte, so benennt er ein ausgewogenes Verhältnis zwischen beiden. Die Markierungspunkte können miteinander verbunden werden. Ein unregelmäßiger Stern entsteht. Je größer dieser ist, desto eher lebt(e) der Erinnernde in Extremen, weniger im Ausgeglichenen.
Die oben genannte Frage kann mit einer zweiten kontrastiert werden, die nach den Veränderungswünschen für die Zukunft fragt.

Diese Methode setzt Grundverständnis für das Dialogische (und Dialektische) des Lebens voraus. Sie verlangt die Bereitschaft, abstrahierend zu beschreiben, im Gespräch aber dennoch konkret zu werden. Ein gesichertes Vertrauensverhältnis in der Gruppe ist für diese Übung Voraussetzung.

Wohnbiografie

- ● ICH/PAAR
- ○ GRUPPE
- ○ PROJEKT
- ● BESINNUNG
- ○ BEGEGNUNG
- ○ BILDUNG
- ○ KRISE
- ● BIOGRAFIE
- ○ SOZIALGESCHICHTE
- ○ ZEITGESCHICHTE

Wohnen und Wohnumfeld prägen die Biografie mehr als manche verwandtschaftliche Beziehung. Wechsel und Lebensbrüche werden erfahrbar und für andere nachvollziehbar, wenn die Wohnbiografie dargestellt wird.

Jeder Umzug ist eine Trennung. Das Netz der Lebensbeziehungen wird gekappt und je jünger Menschen dies erfahren haben, desto schmerzlicher ist es. Sind diese »Umzüge« erzwungen durch Krieg oder Vertreibung, so sind die Narben noch tiefer geschlagen worden. Biografiearbeit muss sich mit der Konstanz und dem Wechsel von Wohnumfeldern befassen.

Erinnernd können alle Orten und Straßen, die je bewohnt wurden, aufgeschrieben werden: ein Lebenslauf in Wohnungen. Die Wohnungsgrundrisse werden aufgemalt, mit den Möbeln zeichnerisch versehen. Schreibend und malend entwickelt sich die Erinnerung: Welche Gegenstände aus welcher Wohnung besitze ich noch? Was ist verloren und fehlt? Gibt es einen vergangenen Lieblingsort, ein Lieblingszimmer, einen Lieblingsplatz? Welche Nachbarn sind mir begegnet? Welches Wohnumfeld war mir zuträglich, welches abträglich? Welche Bedeutung hat das Vergessene?

Wie wichtig, manchmal gar erlösend, der Blick in die eigene Wohngeschichte ist, zeigt das folgende Beispiel.

Walter T. war nach dem Krieg aus Schlesien nach Westdeutschland vertrieben worden und hatte sich nach Jahren etabliert. Er fühlte sich wie abgeschnitten von seiner Kindheit. Immer wieder erzählte er vom kleinen Haus der Eltern, vom klaren Wasser des Flusses und tiefen Wäldern. Den Mut, allein nach Polen zu fahren und mit den Wurzeln seiner Kindheit Kontakt aufzunehmen, hatte er nicht. Erst als sich eine Gruppe junger Menschen, die Breslau besuchen wollte, aufmachte, fasste er Mut und schloss sich der Reisegesellschaft an. Er fuhr von Breslau allein in die nahe Kleinstadt und entdeckte Neues, aber auch Spuren seines Lebens. Erleichtert und voller Wehmut kam er zurück. Er hatte den Ort seiner Kindheit wieder gesehen und dennoch verloren. Dort war sein Platz nicht mehr.

Die Beschäftigung mit der Wohnbiografie kann dazu führen, den eigenen Lebensraum, die eigene Wohnung um- oder neu zu gestalten. Wehmut wandelt sich: Wohnerfahrungen werden umgesetzt in neue Perspektiven. Das kann auch im Kleinen gelingen z.B. im Zimmer eines Altenheimes. Nicht der Verlust ist letztlich das dauernd Schmerzhafte, sondern die Vermeidung seiner Wahrnehmung.

Die Wohnbiografie kann auch mit Hilfe einer **Landkarte** dargestellt werden. Die Lebensorte werden markiert, die Wege und regionalen Schwerpunkte kenntlich gemacht. Die Darstellung mit einer Landkarte hilft, die räumlichen Dimensionen eines Lebens zu verdeutlichen.

Lebensspruch

● ICH/PAAR
● GRUPPE
○ PROJEKT

● BESINNUNG
○ BEGEGNUNG
○ BILDUNG
● KRISE

● BIOGRAFIE
○ SOZIALGESCHICHTE
○ ZEITGESCHICHTE

Für die eigene Biografie wird eine Überschrift gesucht.

Gegen Ende des Lebens sind viele Menschen in der Lage, ihre Erfahrungen in einem einzigen komprimierten Satz zu beschreiben. Die Biografie wird sozusagen handhabbar und nur scheinbar verkürzt durch den Schlüsselsatz.

Clemens R. sagte ein Jahr vor seinem Tod: »Wenn ich meinen Herrgott nicht gehabt hätte, hätte ich das Leben nicht bestanden.« In nahezu jedem Wort steckt verdichtete Erfahrung. Was wäre denn gewesen, »wenn« nicht? Warum spricht Herr R. von »mein«, ist Gott, der nach allgemeinen Glaubensüberzeugungen für alle da ist, dennoch reservierbar oder individuell interpretierbar? Was heißt für ihn »Herrgott«, also »Herr Gott«. Warum spricht Herr R. von »bestanden«, welches Lebensbild und welcher Lebensauftrag verbirgt sich hinter solchen Worten?

In einem Bildungsurlaubsseminar wurden den Anwesenden kurze Lebensweisheiten, Sprichwörter und literarische Zitate (auf Karten) angeboten. Sie wurden aufgefordert, sich für einen Text zu entscheiden und ihre Entscheidung in der Gruppe zu begründen.

Eine Variante dieser Methode ist, die Teilnehmer und Teilnehmerinnen zu bitten, ihrem Leben eine **Überschrift** zu geben, ohne dass Material zur Auswahl angeboten wird.

Brief

Dem tatsächlichen oder imaginären Gegenüber wird ein Bilanzbrief geschrieben.

● ICH/PAAR
● GRUPPE
○ PROJEKT

● BESINNUNG
○ BEGEGNUNG
○ BILDUNG
● KRISE

● BIOGRAFIE
○ SOZIALGESCHICHTE
○ ZEITGESCHICHTE

Immer weniger werden private Briefe geschrieben. Die zunehmende Vereinzelung in der Gesellschaft, die Abnahme persönlicher Begegnungsfähigkeit und die entwickelten Informationstechnologien haben zu Veränderungen des Kommunikationsstils geführt. Anscheinend sind Menschen zu immer weniger Intimität mit Freunden und Bekannten fähig. Dies hat sich auch auf die Quantität und Qualität der Briefkultur ausgewirkt. Briefe brauchen ein Gegenüber und sind dennoch ein Versenken in die eigene Person. Darin liegt der Reiz dieses stillen Sprechens: Ich gebe mir Rechenschaft, bilanziere und habe dennoch ein Gegenüber, das im Regelfall antwortet. Briefe und Briefwechsel können Kommunikation mit großer Tiefe sein. Das macht sich die im Folgenden dargestellte Übung zu Nutze.

Die Erinnernden werden aufgefordert, einen Brief zu schreiben und darin ihr Leben, Lebensthemen oder Abschnitte aus diesem Leben darzustellen. Diese Briefe kann man an ein konkretes Gegenüber (Frau, Kinder, Freund), eine gedachte Person (der Brief verbleibt beim Schreiber) oder an sich selbst richten (man tritt sich sozusagen selbst gegenüber). Den Erinnernden kann vorgeschlagen werden, dies nach einigen Monaten zu wiederholen, ohne den ersten Brief eingesehen zu haben. Anschließend bedenkt man die Unterschiedlichkeiten.

Briefe an sich selbst (z.B. zu Zukunftswünschen) können auch mit zeitlichem Abstand (drei Monate) von einem Menschen des Vertrauens zugeschickt werden. Aus dieser eigentümlichen Spannung selber Absender und gleichzeitig Empfänger zu sein, ergeben sich reizvolle Reflexionspunkte.

Biografischer Abend

- ● ICH/PAAR
- ● GRUPPE
- ○ PROJEKT

- ○ BESINNUNG
- ● BEGEGNUNG
- ○ BILDUNG
- ○ KRISE

- ● BIOGRAFIE
- ○ SOZIALGESCHICHTE
- ○ ZEITGESCHICHTE

Biografische Abende bieten die Möglichkeit, einzelne Menschen exklusiv in den Mittelpunkt zu stellen, ihnen einen Raum des Erzählens und Erinnerns zu geben.

Viele Menschen leiden darunter, dass niemand ihre Geschichte und Geschichten wirklich hören will. Oder: Sie unterstellen, niemand wolle sie hören, weil doch die Zeit so schnelllebig sei. Es kommt zu subtilen Formen der Selbstab- oder Selbstentwertung, die oft in depressivem Verstummen enden.

In der Kirchengemeinde P. bestand seit längerem ein Seniorenkreis, der sich zum regelmäßigen Kuchennachmittag traf. Das Angebot wurde gern angenommen. Mit der Zeit verflachten die Gespräche im Alltäglichen und die Leitung begab sich auf die Suche nach Gestaltungsideen. So wurde der »Biografische Abend« entwickelt. Jeder Abend wurde exklusiv einem Mitglied der Gruppe gewidmet. Vereinbart war ein klarer Rahmen: Im ersten Teil durfte jeder ca. 15 Minuten über sich und sein Leben berichten, dann setzte unter Moderation eine Fragerunde ein. Die Gesprächsleitung hatte die Aufgabe, darauf zu achten, dass nicht andere Gruppenmitglieder aus ihrem Leben erzählten. Nach Abschluss der Fragerunde wurde Material aus dem eigenen Leben gezeigt und dann das Gespräch für alle frei gegeben. Die Biografischen Abende waren meistens nicht öffentlich, so dass in der Runde ein geschützter Raum entstand. Die Erzählungen der Biografischen Abende strahlten auch auf andere Aktivitäten, z.B. die Kaffeenachmittage ab. Begegnung und Kontakt verdichteten sich.

Variiert werden können solche biografischen Erzählrunden auch dadurch, daß es gestattet wird, nahe Angehörige mitzubringen, die ihrerseits z.B. unter der Überschrift **»Das war ihr Leben«** berichten. Allerdings haben viele Menschen Scheu, sich Raum zu nehmen oder geben zu lassen. Sorgfältiges, einfühlsames Hinführen und Thematisieren dieser inneren Vorbehalte helfen meistens bei der Überwindung hindernder oder überflüssiger Scheu.

Leben feiern

Jahrestage bieten die Möglichkeit, Erinnerungen zu entwickeln, Bilanz zu ziehen und die Bedeutung des Einzelnen hervorzuheben.

● ICH/PAAR
● GRUPPE
○ PROJEKT
● BESINNUNG
○ BEGEGNUNG
○ BILDUNG
○ KRISE
● BIOGRAFIE
○ SOZIALGESCHICHTE
○ ZEITGESCHICHTE

Geburtstage, in manchen Gegenden Namenstage, Hochzeitstage oder andere Jahrestage von lebenswichtigen Anlässen, geben Feiernden und Gefeiertem die Legitimation der Erinnerung. Rituale sind der Rahmen und gleichzeitig in Form gekommene Erinnerung. Über Jahre halten sie das Bewusstsein wach für unterschiedliche Lebensabschnitte.

Ehepaar S. fuhr an jedem Hochzeitstag zu der Kirche, in der es getraut worden war. Herr und Frau S. erzählten sich gegenseitig ihre Trauung, wiederholten die Worte und gingen anschließend im mittlerweile renovierten Gasthof essen. Von hier schrieben sie ihren Kindern Grußkarten. So hielten sie es jedes Jahr. Zur Ursprungserinnerung kam die Erinnerung an alle Jahrestage, die sie so begangen hatten. Als Ehepaar S. vierzig Jahre verheiratet war und sich wieder auf den Weg zu seiner Kirche machte, wurde es dort von seinen Kindern und den Enkeln erwartet. Der junge Pfarrer war anwesend und vor ihm wiederholten sie ihr Eheversprechen ohne Trauzeugen, die mittlerweile verstorben waren. Die Kinder hatten Bilder von ihnen mitgebracht.

Manche Erinnerung allerdings möchten Menschen für sich allein bewältigen. Ehepaar R. etwa will die Goldene Hochzeit allein feiern: »Es ist ausschließlich unser Tag!«

Mein Tod

- ● ICH/PAAR
- ● GRUPPE
- ○ PROJEKT
- ● BESINNUNG
- ○ BEGEGNUNG
- ○ BILDUNG
- ● KRISE
- ● BIOGRAFIE
- ○ SOZIALGESCHICHTE
- ○ ZEITGESCHICHTE

Den eigenen Tod ins Gefühl zu nehmen, ist immer Biografiearbeit. Im Sterben verdichtet sich Gelingen und Scheitern des ganzen Lebens.

Für manche Menschen »knistert« die Beschäftigung mit dem Tod: Es ist die eigentümliche Dialektik von notwendiger Annahme und notwendiger Ablehnung. Leben heißt, die Endlichkeit zu akzeptieren und die Begrenzung überwinden zu wollen. Grunderfahrung jedes Menschen ist es, dass er im Leben mehrere Tode stirbt und nur deswegen weiter gelebt hat, weil er eben jene »Tode« überwunden hat.

Das religiöse Bild der »Auferstehung« oder das des »Aufstandes« bewegt sich in diesem merkwürdigen Spannungsfeld. Beschäftigung mit dem Tod heißt Beschäftigung mit der Lebensgeschichte vom Abschied. Wie habe ich mich getrennt, was ist rund geworden und was offen?

Nahe an das Dunkle heranzugehen, ist das Ziel dieser Anregungen.

- *Todesanzeigen einer beliebigen Tageszeitung werden untersucht: Wie wird der Tod dargestellt, wie wird er umschrieben? Welche Sprüche werden mit auf den Weg gegeben? Wer hat unterzeichnet? Wie könnte die Bestattung aussehen? Ist die Anzeige mit Blick auf den Toten oder eher mit Blick auf die Lebenden verfasst worden?*
- *Wie sollte die eigene Todesanzeige aussehen? Ist es legitim, den Angehörigen Vorschriften zu machen?*
- *Wie möchte ich sterben, wie soll meine Todesstunde aussehen? In welcher Umgebung will ich sein, wer soll mich begleiten?*
- *Wie soll meine Bestattung organisiert werden: Ist es eine Feier, ein lästiges Übel, soll es möglichst unauffällig oder sehr auffällig sein? Wer soll meine Grabrede halten? Wo und wie will ich bestattet werden?*
- *Die Grabrede: Was sollte »nachgerufen« werden? Das Schreiben der eigenen Grabrede kommt der Reflexion des Lebens nahe. Nicht umsonst werden bei Bestattungen Lebensläufe, meistens lieblos, vorgetragen: eine oft misslungene Form fremder Biografiearbeit.*

- *Was soll auf meinem Grabstein stehen? Will ich allein liegen oder mir den Stein mit einem Angehörigen »teilen«?*
- *Will ich über den Tod hinaus eine Gedächtnisstelle haben oder lieber anonym bestattet werden?*

Offen bleibt die Frage: Wem gehört der Tod? Dem Toten oder den Hinterbliebenen? Manche Menschen verfügen seitenlang, was mit ihrem Leichnam zu geschehen habe. Sie versuchen, ihr Leben über den Tod hinaus zu verlängern und sind nicht in der Lage loszulassen. Sie verfügen über Angehörige, Verwandte und Fremde. Sie wollen ewige Kontrolle.

Andere hingegen betrachten den toten Körper wie Sondermüll, der eine spezifische Art der Entsorgung benötigt. Sie beschäftigen sich nicht mehr mit sich selbst, sondern geben sich ganz in die Hand anderer. Wollen sie nach ihrem Tod keine Spuren hinterlassen? Ist es ihnen egal, wie die Welt von ihnen redet?

Auch der Tod kennt die Spannung von Annahme und Ablehnung, von Kontrolle und Loslassen, von Achtsamkeit und Willkürlichkeit.

Erzählen vor dem Tod

● ICH/PAAR
○ GRUPPE
○ PROJEKT

○ BESINNUNG
○ BEGEGNUNG
○ BILDUNG
● KRISE

● BIOGRAFIE
○ SOZIALGESCHICHTE
○ ZEITGESCHICHTE

Die letzten Tage und Wochen des Lebens sind für viele Menschen Hochzeiten der Erinnerung.

Der Tod beendet das Leben. Die Perspektive des Menschen wendet sich vorher: War sie zeitlebens nach vorn gerichtet, so blickt er jetzt zurück, rekapituliert, erinnert. Diese Zeit, das eigene Leben in einer Art Schlussbilanz zu runden, bedarf oft der Begleitung. Gesprächspartner müssen sich anbieten: die Kinder, der Ehemann, die Krankenschwester, der Altenpfleger. Aufmerksame Menschen der Umgebung müssen gewillt sein, die letzten Signale der Existenz aufzunehmen, Antworten ohne Antwort geben, Spiegel sein. Sie werden damit zu Zeugen der Biografie. Sie entlasten, weil das Unaussprechbare doch noch ausgesprochen wurde. Sie können vermitteln: »Dir ist nicht alles geglückt, du hast Fehler gemacht. Aber dein Leben war dein Leben, um das du dich gemüht hast. Du hast versucht das zu tun, was notwendig war, damit Leben gelingt.« Oft gelingt Leben nicht und die Gesprächspartner müssen so etwas wie »Absolution« erteilen, stellvertretend Verzeihung gewähren und Beistand in der Verzweiflung über das Nichtgelungene sein.

In Deutschland haben sich seit Anfang der achtziger Jahre Hospizinitiativen gebildet. Sterbende werden zuhause oder in einem eigenen Haus (»Hospiz«) begleitet, Angehörige gestützt und Trauern ermöglicht. Die gelähmte Charlotte E. sitzt oft allein in ihrem Zimmer. Die Welt, die ihr in Radio und Fernsehen begegnet, ist nicht mehr ihre. Wenn die Helferin der örtlichen Hospizinitiative kommt, kann sie über Vergangenes reden. »Ich gehöre ins 19. Jahrhundert, nicht in dieses«, sagt sie und wartet auf ihren Tod. Sie hat die Zusage, nicht allein gelassen zu werden, wenn sie stirbt.

Die Anschriften von örtlichen Hospizinitiativen sind z.B. zu erfahren bei »Omega« Mit dem Sterben leben e.V., Postfach 1407, 34334 Hann. Münden.

Medien und Texte

oder: Die Sehnsucht kommt in fremden Bildern

Es entstand eine Scham, sich gegenseitig Geschichten zu erzählen, nicht, weil sich in den Medien eine unschlagbare Konkurrenz entwickelte, sondern auch, weil der Eros des Geschichtenerzählens, die vitale Nähe, die dadurch entsteht, für uns nicht mehr auszuhalten ist, ganz so, wie unsere Religionen sterben, nicht, weil der Materialismus uns Gott »nicht denkbar« machen würde, sondern weil das gemeinsame Gebet die Grenzen unserer Fähigkeit zur Nähe bereits überschreitet.

Rolf und Beate Seeßlen

Märchen und alte Texte

- ● ICH/PAAR
- ● GRUPPE
- ○ PROJEKT
- ● BESINNUNG
- ● BEGEGNUNG
- ● BILDUNG
- ● KRISE
- ● BIOGRAFIE
- ○ SOZIALGESCHICHTE
- ○ ZEITGESCHICHTE

Lebenswissen, das in Märchen gebunden ist, ermöglicht Auseinandersetzung mit dem eigenen Lebensentwurf und Lebensweg.

Alte Texte (Balladen, Fabeln, Sagen, Märchen) unterschiedlicher Herkunft und Prägung lassen assoziieren. Sie sprechen an, weil in ihnen Lebenswissen ganzer Generationen gesammelt worden ist. Sie sind ideelle Testamente, letzte Worte und poetisch gefasste Regeln für ein gelingendes Leben. Weil sie voller Andeutungen, Mythen, Ideen sind, bieten sie Material, das sich in seiner Komplexität nicht sofort erschließt. Erst nach mehrfachen Auseinandersetzungen, nach Reflexionen oder Meditationen, nach Gruppengesprächen oder angeregten Diskussionen öffnen sich die Facetten. Texte ermöglichen Parallelschlüsse: Was hat das mit meinem Leben zu tun? Woher kenne ich solche Verhaltensweisen? Welcher Figur ähnele ich, wofür stehen die anderen Figuren? Sind die angebotenen Lösungen meine Lösungen oder widersprechen sie meinen Lebenserfahrungen? Alte, literarisch orientierte Texte sprechen fast immer auf der emotionalen Ebene an. Hier entdeckt der Interessierte seinen ersten Zugang. Danach ist intellektuelle Auseinandersetzung möglich und sinnvoll. Die alten Texte sind seit der Kindheit bekannt und regen tiefe Erinnerungsschichten an. Sie aktualisieren, was lange verschüttet schien. Sperriges und Widerständiges mag hervorkommen (Die Sage aus dem Dorf erinnert an die Kinderangst vor dem dunklen Wald ...). Erst, wenn die erste Auseinandersetzung gelungen ist, kann der Leser oder die Leserin neue Zugänge und Sichtweisen gewinnen. Der Text erscheint im anderen Licht, bietet Interpretationen für alte Erfahrungen an, die bislang nicht erkannt wurden. Texte laden zur assoziativen Erinnerung, zur konkreten Erinnerung, zur konfrontativen Auseinandersetzung mit widerständigen Erfahrungen. Sie ermöglichen aktualisierte Interpretationen und die Neuentdeckung von Erfahrungs- bzw. Erinnerungsinhalten.

Märchen gehören zu den ältesten Texten, die Alltagscharakter haben und nicht der hohen Schriftsprache entstammen. Die so genannten Volksmärchen haben sich über Jahrhunderte entwickelt, wurden tradiert. Ihre Veränderungen sind nicht zufällig; die jeweiligen Generationen haben sie nach ihrem Lebenswissen geformt. Dadurch, dass die Brüder Grimm die Märchen schriftlich festhielten, wurde ein kollektiver Bewusstseinsstand in Textform gebracht, der nicht mehr der heutige ist. Die Grimmschen Märchen schildern letztendlich eine Welt, die immer weiter versinkt. Hätten wir noch eine Erzähltradition der Alten, wären diese Märchen weiterentwickelt worden und vielleicht schon jetzt auf einer anderen Erfahrungs- und Sprachebene. Grimmsche Märchen schildern nahezu immer Lebenssituationen, Lebensläufe oder Lebensabschnitte. Wir begegnen Perspektivwechseln, Schicksalsschlägen, Lebenskünsten, Geburt, Kindheit, Alter und Tod. Märchen bieten sich für Rollenspiele an, für Gespräche und die Interpretation einzelner Figuren.

»Wofür steht Bremen?«, lautete die Frage in einem Gesprächskreis für ältere Menschen, als die »Bremer Stadtmusikanten« erzählt worden waren. »Wer von uns ist Esel, wer Hund, wer Katze und wer der Hahn? Wer sind die Räuber und wer unsere Herren? Wer vermag so laut zu schreien, dass ein neuer Lebensplatz möglich wird? Wollen wir je in Bremen ankommen?« Die Assoziationen waren vielfältig. Am Ende waren sich alle einig: »Zieh lieber mit uns fort. Etwas Besseres als den Tod findest du überall.«

Zur Auseinandersetzung mit den Themen »Alter« und »Tod« eignen sich von den Grimmschen Märchen unter anderem »Gevatter Tod« und »Die Boten des Todes«.

- ● ICH/PAAR
- ● GRUPPE
- ○ PROJEKT
- ● BESINNUNG
- ● BEGEGNUNG
- ● BILDUNG
- ● KRISE
- ● BIOGRAFIE
- ○ SOZIALGESCHICHTE
- ○ ZEITGESCHICHTE

Mythen und religiöse Lebenserfahrung sind in Figuren und Textabschnitten vereinigt.

Bibelstellen ergänzen die textlichen Qualitäten von Märchen und Mythen um eine weitere Komponente. Sie sprechen transzendente Erfahrungen an, machen sie zum Thema. Die Texte selber ideologisieren nicht, sie bieten Bilder an. Die ideologisierte Erfahrung mit diesen Texten aber führt oft zur Abwehr. Zu übermächtig sind häufig die Folgen einer nicht gelungenen, verqueren religiösen Erziehung und Sozialisation. Biografiearbeit sollte sich den Formen- und Sprachreichtum der Bibel nicht entgehen lassen und gleichzeitig das Widerständige bei Erinnernden im Blick behalten. Aus dieser Spannung heraus können sich reizvolle Erinnerungskonstellationen ergeben.

In einem Lesekreis wurde eine neue Lektüre gesucht. Man entschied sich nach längerem Hin und Her für das Buch »Hiob« von Joseph Roth. Es handelt sich hierbei um eine Adaption des biblischen Stoffes (Das Buch Ijob). Im Mittelpunkt dieses Stoffes steht der von Gott durch vielfältige Leiden gestrafte Mensch. Roth hat dies ergreifend auf die Jetztzeit übertragen. Der Lesekreis entschied sich zu einem Dreierschritt: Der biblische Text wurde zuerst in Auszügen gelesen, daran schloss sich die Lektüre des Roth-Buches an. Leiderfahrungen aller, Verzweiflung und Schicksalhader wurden anschließend gemeinsam bedacht.

In einem Seminar zur Leiderfahrung wurde jeder Tag mit der fortlaufenden Lektüre des »Hiob« verdichtet und abgeschlossen.

Aus der Fülle möglicher Bibelstellen für die Biografiearbeit seien u.a. diese genannt: Abraham und Isaak (Gen 22), Jakob und Esau (Gen 25), Der Herr ist mein Hirte (Ps. 23), das Gleichnis vom verlorenen Sohn (Lk 15).

Mythen-Texte beziehen ihren Reiz aus der höheren Fremdheit der Handelnden.

- ● ICH/PAAR
- ● GRUPPE
- ○ PROJEKT
- ● BESINNUNG
- ● BEGEGNUNG
- ● BILDUNG
- ● KRISE
- ● BIOGRAFIE
- ○ SOZIALGESCHICHTE
- ○ ZEITGESCHICHTE

Mythen haben einen ähnlichen Stellenwert wie Märchen, auch wenn ihre Bedeutung und Entstehungsgeschichte verschieden ist. Sie schildern oder spiegeln eine Welt, die älter ist und uns fremder gegenüber tritt. Sie entstammen Lebens- und Kulturräumen, mit denen wir uns in der Regel nicht identifizieren können (das alte Griechenland oder Rom) oder wollen (germanische Sagen und Mythen). Und dennoch haben die angebotenen Bilder wegen der scheinbaren Entfernung und Fremde, den fantasierten Bildern und der inneren Achtung vor den untergegangenen Reichen, ihren spezifischen Reiz.

In der Beratung mit einem Ehepaar entwickelte sich ein Altersbild vollständiger Übereinstimmung und nahezu verschmelzender Liebe bis in den Tod. Die Beraterin erzählte die phrygische Volkssage von Philemon und Baucis, die von Ovid berichtet worden war: Das alte Paar bewirtet als einziges die unerkannt umherziehenden Götter Zeus und Hermes. Diese verwandeln als Dank deren ärmliche Hütte in einen prächtigen Tempel und stellen Philemon und Baucis einen Wunsch frei. Diese bitten darum, als Hüter des Tempels ihr Leben gemeinsam beschließen zu dürfen. So werden sie im hohen Alter zu Bäumen verwandelt: Philemon wird eine Eiche, Baucis eine Linde. In der Beratungsarbeit entwickelten sich neue Bilder. Ist diese hohe Verschmelzung das, was das Ehepaar wollte? Wofür steht die Veredelung der Hütte? Noch in der Verwandlung bleiben sie zusammen, aber dennoch getrennt! Nahezu jede Facette dieses alten Mythos barg einen eigenen Zugang zur Lebensreflexion.

Insbesondere bei den Mythen der Griechen und Römer ist interpretierende Literatur notwendig, z.B. ein spezielles Lexikon.

ICH/PAAR
GRUPPE
PROJEKT

BESINNUNG
BEGEGNUNG
BILDUNG
KRISE

BIOGRAFIE
SOZIALGESCHICHTE
ZEITGESCHICHTE

Gedichte verdichten Lebenswissen.

Gedichte entziehen sich meistens intellektueller Auseinandersetzung und sprechen die emotionale Ebene an. Ihr Reiz liegt in der Konzentration. Mittlerweile gibt es eine Reihe von thematisch-lebensabschnittsorientierter Literatur, in der Gedichte zu finden sind, z.B. zum Thema »Alter«.

In einem Kreis mit älteren Menschen werden Gedichte, die biografische Erfahrungen verarbeiten oder zum Thema haben, einzeln ausgelegt. Die Anwesenden werden gebeten, sich den Text herauszusuchen, der ihrem momentanen Lebensgefühl am ehesten entspricht. Anschließend soll sich jeder in Einzelarbeit mit dem Text beschäftigen. Unterschiedliche methodische Möglichkeiten bieten sich an:

- *Jeder liest sich den Text laut mehrfach vor.*
- *Der Text wird abgeschrieben.*
- *Der Text soll in Alltagssprache übersetzt werden.*
- *Assoziationen zum Text sollen notiert werden.*
- *Zum Gedicht soll eine Überschrift gefunden werden.*
- *Der Leser sucht den seiner Meinung nach zentralen Bestandteil des Textes heraus.*
- *Der Text wird illustriert oder frei gestaltet bzw. gemalt.*
- *Jeder erhält die Aufgabe, in Haus oder Natur etwas zum Gedicht Passendes zu suchen.*

In der Gruppe werden Denk- und Arbeitsergebnisse vorgestellt.

Variante: Es werden mehrere Gedichte mindestens zweimal vorgelesen. Die Anwesenden werden aufgefordert, sich für einen Text zu entscheiden und damit weiter zu arbeiten (s.o.).

Weitere Variante: Jede/r schreibt einen individuellen Text zu seinem/ihrem Gedicht. Diese Texte werden allen zugänglich gemacht: als sorgsam redigierte Publikation für den Kreis oder auf einer Art Wandzeitung.

Alte Gebete bergen die Kindheitserfahrungen.

Auch in einer Welt, die immer religionsloser, entmythologisierter wird, die ihren Sinn für Transzendenz verliert oder eintauscht gegen second-hand-Weltbilder, stabilisieren sich religiöse Bilder zum Alter hin. Die Bereitschaft, im Wortsinne über das eigene Leben hinaus zu denken, nimmt zu. Die Ursachen dafür sind vielfältig: Angst vor der eigenen Endlichkeit, religiöse Negativerfahrungen werden losgelassen, Sinnsuche dringender erlebt. In alten Gebeten (Morgen- und Abendgebeten, Tischgebeten, Stoßgebeten) vereinigt sich Hoffnung und magische Weltbeschwörung, trauernde Erinnerung und stärkender Zukunftsglaube. Weniger die Gebete selbst, sondern die angehängten Umstände, Bilder und Erfahrungen sind wichtiger Bestandteil eigener Biografie.

● ICH/PAAR
● GRUPPE
○ PROJEKT

● BESINNUNG
○ BEGEGNUNG
○ BILDUNG
○ KRISE

● BIOGRAFIE
○ SOZIALGESCHICHTE
○ ZEITGESCHICHTE

In einer Gruppe wurden alle Gebete gesammelt, die auswendig aufgesagt werden konnten. Über diese Texte wurden lebhaft Erinnerungen ausgetauscht, um sie anschließend in die heutige Sprache zu übersetzen.

Allerdings: Nicht jeder ist gewillt, alte Texte als Material zu nutzen. Neuformulierungen nehmen schnell den Zauber und machen das Magische alltäglich.

Biografien

ICH/PAAR
GRUPPE
PROJEKT

BESINNUNG
BEGEGNUNG
BILDUNG
KRISE

BIOGRAFIE
SOZIALGESCHICHTE
ZEITGESCHICHTE

(Auto)biografien bekannter Menschen laden ein, Lebensläufe zu vergleichen.

Der Biografiemarkt boomt, Tagebücher und Autobiografien Prominenter werden in unterschiedlicher Qualität publiziert. Neben die Eitelkeit des Autors und den Voyeurismus des Lesers tritt die Lust, privates Leben bekannter Menschen mit eigenen Entwicklungen zu vergleichen. Der Leser ist auf der Suche nach Größe und Bewunderung oder nach Relativierung bisheriger Einschätzung. Schon manches Genie entpuppte sich in Biografien als ganz normales Ekel.

Biografien ermöglichen ein besseres Verständnis von Zeitgeschichte. Sie machen deutlich, wie sich gesellschaftliche Entwicklungslinien mit Einzelschicksalen und Entscheidungen verweben.

Sicher: gerade Autobiografen neigen dazu, in der darstellenden Rückschau das eigene Leben zu glätten und zu schönen. Solche Publikationen sind immer auch Entwürfe, wie das Leben hätte eigentlich sein sollen, aber dann doch nicht geworden ist. Diese Tendenzen müssen mitgelesen werden. Wenn man darum weiß, verlieren die meisten Darstellungen kaum an Qualität.

Die Zeit des Nationalsozialismus wird z.B. in den Tagebüchern (»Ich will Zeugnis ablegen bis zum letzten«) von Victor Klemperer auf irritierende Art konkret. Er schilderte die Zeit zwischen 1933 bis 1945 auf nahezu 2.000 Seiten. Hier kommt der Alltag zur Sprache, die brutalen und subtilen Mechanismen der Verfolgung.

Walter Janka beschreibt in seinen »Spuren eines Lebens« insbesondere die DDR der fünfziger Jahre aus Insiderperspektive, die später zur Außenseiterperspektive wurde.

Herrad Schenk hat das Lesebuch »Lebensläufe« publiziert. Hier sind Lebensbeschreibungen thematisch geordnet und empfehlen sich vor allen Dingen für den Einsatz in der Bildungsarbeit.

In Zeitungen finden sich regelmäßig Porträts bekannter Zeitgenossen. Die meisten dieser Schilderungen sind oft journalistisch, kurzatmig. Manche Charakterisierungen, z.B. die von Jürgen Leinemann im »Spiegel«, sind hingegen kleine Dokumente der Zeitgeschichte.

Erinnerungen werden spielend dargestellt.

ICH/PAAR
GRUPPE
PROJEKT
BESINNUNG
BEGEGNUNG
BILDUNG
KRISE
BIOGRAFIE
SOZIALGESCHICHTE
ZEITGESCHICHTE

Viele Lebenszusammenhänge erschließen sich erst über die Darstellung oder die Darstellung ergänzt das Erzählte. **Rollenspiele** haben sich dafür in der Bildungsarbeit bewährt. Theaterprojekte erweitern Rollenspiele und ermöglichen andere Erfahrungen.

Wenn erwachsene Amateure Theater machen, so bedienen sie sich häufig mehr oder weniger bekannter Boulevardstücke mit mehr oder weniger Niveau. Theater, so scheint es, hat, von Amateuren gespielt, immer die Funktion der Volksbelustigung. So wird die Scheu der Darstellung am besten bewältigt. Das Lachen erleichtert vom Darstellungsdruck und entschädigt für die Angst vor den Zuschauern.

Theaterprojekte mit ernsten Ambitionen sind deswegen oft nur mit großer Geduld und entsprechenden »Vorspielen« (Rollenspielen in der Gruppe, dann in größerem Kreis o.ä.) machbar. Sie beziehen sich ausdrücklich auf Zuschauer als Zielgruppe. Es wird – im Gegensatz zum Rollenspiel – für andere gespielt.

Theaterprojekte in der Biografiearbeit sind Verschränkungen von privater und öffentlicher Erfahrung, von Selbsterfahrung und Fremdwahrnehmung, von Fantasie und Dokumentation. Aus diesen Dualismen leben die Projekte.

Im Folgenden sollen einige Ansätze für Theaterprojekte in der Biografiearbeit kurz genannt werden.

- *Alte Theaterstücke werden in Einzelszenen nachgespielt (Beispiel: Wolfgang Borcherts »Draußen vor der Tür«).*
- *Kurzgeschichten werden in eigene Theaterstücke umgesetzt (Bertolt Brechts »Die unwürdige Greisin«).*
- *Bekannte Filme werden adaptiert und mit eigenen Erlebnissen durchsetzt (der Film »Am Goldenen See«).*
- *Eigene Erfahrungen, die in der Gruppe erzählt werden, werden zu kleinen Stücken oder Sketchen aufbereitet (Kohlenklau nach dem Krieg).*
- *Ein vorgegebenes Thema wird von mehreren Gruppen gleichzeitig bearbeitet und präsentiert (»Die Mode in den sechziger Jahren«).*

- *Beim intergenerativen Lernen arbeiten Jugendliche und ältere Erwachsene getrennt an einem Thema und spielen sich die Stücke gegenseitig vor (»Leben im Altenheim – eine Tragikomödie«).*

Theaterprojekte leben von den Zuschauern als Gegenüber. Aus dieser Spannung heraus wird aus alten Erfahrungen neue Erfahrung.

Theaterprojekte sind auch, bei entsprechender Lust und Erfahrung, als **Videoprojekte** realisierbar. Dies mindert manchmal die Scheu, »live« vor Publikum agieren zu müssen.

Rollenspiel

Spielend werden Lebensperspektiven untersucht bzw. bedacht.

ICH/PAAR
● GRUPPE
PROJEKT

BESINNUNG
● BEGEGNUNG
● BILDUNG
KRISE

● BIOGRAFIE
SOZIALGESCHICHTE
ZEITGESCHICHTE

Rollenspiel gehört zu den Standardmethoden in der Bildungsarbeit, wird aber weniger eingesetzt, als die umfangreiche Literatur vorspiegelt. Die Schwellenangst von Teilnehmern und Teilnehmerinnen ist relativ hoch. Je älter der Kreis, desto problematischer ist der Einsatz dieser Methode. Die Selbstdarstellung ist für viele ungewohnt und lässt Ängste entstehen. Auch die Auswertung eines Rollenspiels ist für Ungeübte schwierig, da viele Facetten eines Themas in kurzer Zeit bearbeitet werden müssen. Hinzu tritt, dass die spielerische Form durch Reflexion und intellektuelle Weiterbearbeitung oft entwertet wird: Der Lustanteil verschwindet hinter der Grübelei. An dieser Stelle wird darauf verzichtet, die Methodik des Rollenspiels darzustellen. Stattdessen wird ein Beispiel vorgestellt, dass mit Versatzstücken des Rollenspiels gestaltet wurde und so die Schwelle der Angst vor Mitwirkung senkte.

In seiner Erzählung »Die unwürdige Greisin« schildert Brecht die eigenständige Entwicklung einer Mutter am Ende ihres Lebens und die unverständige Reaktion der Umwelt.

Diese Geschichte wurde in einer Gruppe älterer Menschen vorgelesen (zweimal). Dann wurden einzelne Rollen der Geschichte vorgestellt. In Kleingruppen überlegten die Teilnehmer und Teilnehmerinnen, was das Handeln dieser Personen motivierte. Die Ergebnisse wurden in einer Plenumsrunde präsentiert. Anschließend sollte in Kleingruppen, aufgeteilt nach Figuren der Erzählung, ein Rundgespräch mit der Greisin und allen in der Brecht-Geschichte vorkommenden Figuren geplant werden.

Dieses Rundgespräch wurde mit wenigen Requisiten gespielt.

In der Regel wird man bei Älteren die Erfahrung machen, dass Frauen eher bereit sind, Rollen zu spielen und sich einer Gruppe zu präsentieren. Männer beschränken sich auf die Auswertung ...

Fotoschreibspiel

- ICH/PAAR
- ● GRUPPE
- PROJEKT

- BESINNUNG
- ● BEGEGNUNG
- ● BILDUNG
- KRISE

- ● BIOGRAFIE
- ● SOZIALGESCHICHTE
- ZEITGESCHICHTE

Durch ein Medium wird Schreiben angeregt.

Gezielt eingesetzte Medien konzentrieren Schreiben als Möglichkeit der Biografiearbeit. Auf der Oberflächenebene werden alle Bilder gleich verstanden und dennoch sieht jeder etwas anderes. Das »Andere« ist nicht das »Falsche«, sondern eine Facette, ein Blickwinkel, geprägt von den Erfahrungen des Betrachters. Die folgende Methode geht über den Blickwinkelwechsel hinaus. Der Blickwinkel selbst wird mit neuem Blick gesehen und ermöglicht Perspektivenverschiebungen, die anregend oder ablehnend wirken, immer aber Auseinandersetzung anbieten.

1. *Jedes Gruppenmitglied war aufgefordert worden, ein Foto von sich aus den letzten Lebensjahren mitzubringen.*
2. *Es werden Vierergruppen gebildet und jeder beantwortet die Frage: »Ist mein Leben geglückt?«, ohne von anderen unterbrochen zu werden. Am Ende jedes Beitrags sind lediglich Verständnisfragen zulässig.*
3. *Jeder aus der Gruppe sagt einen Satz, der zu dem mitgebrachten Foto der jeweiligen Person geschrieben wird (auf Plakatkarton).*
4. *Die vier Plakatkartons mit den vier Sätzen werden ohne die Fotos ins Plenum eingebracht.*
5. *Jeder aus der Plenumsrunde sucht sich ein Plakat (nicht das eigene) aus.*
6. *In neu zu bildenden Vierergruppen werden die Sätze von den Plakaten vorgelesen.*
7. *Die Vierergruppe hat den Auftrag, einen beliebigen Text zu formulieren, der durch die vier mal vier Sätze inspiriert ist, selbst aber nicht mehr als sieben Sätze umfassen darf.*
8. *Die so entstandenen Texte werden in einer Lesung vorgestellt.*

Die Gruppe ist stärker als der Einzelne. Deswegen sind Absicherungen (s. **Schreibbasar**) bei der Präsentation dieser Ergebnisse in der Regel nicht erforderlich.

Schreibbasar

Mit spielerischen Mitteln wird zum Schreiben ermutigt.

ICH/PAAR
● GRUPPE
● PROJEKT

BESINNUNG
● BEGEGNUNG
● BILDUNG
KRISE

● BIOGRAFIE
● SOZIALGESCHICHTE
ZEITGESCHICHTE

Zu den wichtigen Methoden des Biografischen Arbeitens gehört die Verdichtung des Lebens. Verdichtung hat hier eine Doppelbedeutung: Erfahrungen sollen in literarische Texte umgesetzt und auf ihre Substanz hin so verdichtet werden, dass andere Menschen davon zehren können und angeregt werden.

Die meisten, zumal die Älteren, haben wenig Erfahrung mit der Produktion literarischer Texte. Die Scheu vor dieser Art der Selbstdarstellung ist groß: Man misst sich an den Leistungen der Poeten.

Schreiben ist ein Prozess innerer und äußerer Auseinandersetzung. Ich verschaffe mir Klarheit und versuche, das Erkannte mitteilbar zu machen. Verständnisgrenzen werden aufgehoben, neue Zugänge ermöglicht. Semiotiker sprechen von der Gemeinsamkeit der Zeichen: Schreibend erweitere ich meine Mitteilungsmöglichkeiten und den Zuhörenden eröffne ich neue Möglichkeiten des Aufnehmens.

Deutliche Vorgaben, ein erkennbares methodisches Gerüst erleichtert die Annäherung an das Schreiben und ist Ermutigung.

Themen, die dem eigenen Leben entspringen, – jeder ist Experte oder Expertin – senken die Schwelle der Schreibangst.

Das Thema »Einsamkeit« wurde in einer Schreibwerkstatt methodisch so bearbeitet:

1. *Jeder Teilnehmer und jede Teilnehmerin wurden aufgefordert, neun Worte zum Thema auf einzelne Zettel zu schreiben.*
2. *Anschließend wurde der »Basar« eröffnet: Jeder musste drei seiner Worte gegen drei Worte anderer Teilnehmer tauschen.*
3. *Mit folgendem Hinweis wurde ein zweites Mal der Basar eröffnet: »Bitte tauschen Sie noch einmal drei Worte, bedenken Sie aber dabei, dass nach dieser Runde aus den eingetauschten und eigenen Worten ein von Ihnen verfasster Text entstehen soll.«*
4. *Nach der zweiten Runde wurden die Anwesenden gebeten, einen Text zu schreiben, in dem alle neun Worte vorkom-*

men mussten. Die Art des Textes wurde nicht vorgeschrieben, lediglich Anregungen gegeben: Gedicht, Witz, Schlachtruf, Gebet, Kurzgeschichte, Zeitungsartikel. Der Text durfte nicht länger als acht Zeilen sein. Die Begrenzung der Länge reduziert den Schreibstress. Ausdrücklich wurde darauf hingewiesen, dass es keine Verpflichtung gäbe, den Text öffentlich zu machen.

5. *Nach ca. 20 Minuten wurden die Anwesenden gebeten, sich in der Gruppe mit einer Person ihres Vertrauens zusammenzusetzen, den Text vorzustellen und Rückmeldung zu geben. Mindestens einer der beiden Texte sollte der Gruppe vorgestellt werden. Der Seminarleiter regte an, den eigenen Text durch die Partnerin oder den Partner vorlesen zu lassen.*
6. *Ein Leseplatz wurde hergerichtet und die Texte in kleinen Lesungen vorgetragen.*
7. *Die Autorinnen und Autoren wurden gebeten, ihre Texte für eine Publikation, die allen zugesandt werden wird, zur Verfügung zu stellen.*

Entschließt man sich zu einer **Publikation**, so sollte diese sorgfältig gestaltet und nur vorsichtig redigiert werden. Verändert werden orthografische und grammatikalische Fehler, weitere Eingriffe sind nur mit Erlaubnis der Verfasser oder Verfasserin zulässig. Die Texte können auch auf einer **Wandzeitung** allen zugänglich gemacht werden.

Lebensinventar

Gedichte inspirieren zu eigenen Texten.

- ● ICH/PAAR
- ● GRUPPE
- ○ PROJEKT
- ● BESINNUNG
- ● BEGEGNUNG
- ○ BILDUNG
- ○ KRISE
- ● BIOGRAFIE
- ○ SOZIALGESCHICHTE
- ○ ZEITGESCHICHTE

Ungewohnte Schritte zu gehen, gelingt eher dann, wenn es Vorbilder gibt. Wer in einer Schreibwerkstatt Gedichte verfassen will, kann zumindest in einem ersten Schritt auf bekannte Texte zurückgreifen und versuchen, diese zu imitieren. Je länger man damit arbeitet, desto größer wird die Sicherheit werden und Autorin oder Autor lösen sich von der Vorlage. Vorgaben sind wie Geländer; die Schritte muss jeder selbst tun.

Der Lyriker Günter Eich hat sein Lebensinventar unmittelbar nach dem Krieg einer »Inventur« unterzogen. Der Text eignet sich als Vorlage. Er eröffnet einfache sprachliche Spielräume, die von Erinnernden ohne größere Scheu nachvollzogen werden und in denen eigene Texte entstehen können.

Inventur

Dies ist meine Mütze,
dies ist mein Mantel,
hier mein Rasierzeug
im Beutel aus Leinen.

Konservenbüchse:
Mein Teller, mein Becher,
ich habe in das Weißblech
den Namen geritzt.

Geritzt hier mit diesem
kostbaren Nagel,
den vor begehrlichen
Augen ich berge.

Im Brotbeutel sind
ein paar wollene Socken
und einiges, was ich
niemand verrate,

so dient es als Kissen
nachts meinem Kopf.
Die Pappe hier liegt
zwischen mir und der Erde.

Die Bleistiftmine
lieb ich am meisten:
tags schreibt sie mir Verse,
die nachts ich erdacht.

Dies ist mein Notizbuch,
dies ist meine Zeltbahn,
dies ist mein Handtuch,
dies ist mein Zwirn.

Eichs Text ist trotz oder gerade wegen seiner Spärlichkeit voller Andeutungen für die konkreten Lebensumstände einer Notzeit.
Allein hierhin liegt schon sein besonderer Wert für die Biografiearbeit.

Der französische Lyriker Prevert, der viele Chansons für Juliette Greco geschrieben hat, verfasste einen ähnlich geeigneten Text unter der Überschrift »Inventar«. Rose Ausländer dichtete unter der selben Überschrift. Es ist reizvoll, in einer Schreibwerkstatt mit den drei Gedichten parallel zu arbeiten.

Ein Thema wird gestellt und alle notieren ihre Erinnerungen.

- ICH/PAAR
- ● GRUPPE
- ● PROJEKT
- BESINNUNG
- ● BEGEGNUNG
- ● BILDUNG
- KRISE
- ● BIOGRAFIE
- SOZIALGESCHICHTE
- ● ZEITGESCHICHTE

Ein Zeitabschnitt (z.B. die »Wirtschaftswunderjahre«) wird in den Mittelpunkt gestellt. Die Anwesenden werden gebeten, in kleinen Gesprächsgruppen von ihren Erfahrungen und Erinnerungen zu erzählen. Dann wird der Auftrag gegeben, die Erinnerungen aufzuschreiben. Wenn ein anderes Gruppenmitglied das Erzählte protokolliert, wirkt es wie ein Filter und schafft eine leichte Verfremdung. Das kann gewollt sein, um das Veröffentlichen zu erleichtern.

In einem Kreis älterer Erwachsener waren immer wieder die Nachkriegsjahre diskutiert worden. Unter all dem Schrecklichen schimmerten viele positive Erfahrungen durch. Die Gruppe entschloss sich, ihre Erlebnisse niederzuschreiben. Das Niedergeschriebene wurde gelesen, gegengelesen, kommentiert. Einige entschieden sich, ihre Erlebnisse zu erzählen. Die »Schreibfreudigen« der Gruppe notierten sie und machten daraus kleine Texte.
Zentrale Arbeitsfrage bei der anschließenden Durchsicht war: »Wird der Leser den Text verstehen, ohne in der Zeit gelebt zu haben?« Redigieren bestimmte die nächste Phase des Erinnerns und Festhaltens.
Unter der Überschrift »So haben wir überlebt!« entstand eine kleine Broschüre mit Begebenheiten, Rezepten, Anekdoten und Überlebensstrategien. Alle Autoren und Autorinnen waren mit einigen biografischen Angaben verzeichnet. Die Broschüre wurde verschenkt oder zum Selbstkostenpreis verkauft.

Private Texte erschließen sich in ihrem emotionalen Gehalt nur denen, die mit den Lebensumständen des Schreibers oder der Schreiberin vertraut sind. Die Leser komponieren quasi ihre Begegnungen den Texten hinzu. Literarisches Schreiben hingegen wird von Öffentlichkeit bestimmt. Es ist der Versuch, individuelle Emotionalität und Erfahrungen Fremden zugänglich und nachvollziehbar zu machen. Diese textlich-qualitative Unterscheidung ist bei der Methode »Lebenserinnerung« im Blick zu behalten.

ICH/PAAR
● GRUPPE
PROJEKT

● BESINNUNG
● BEGEGNUNG
● BILDUNG
KRISE

● BIOGRAFIE
SOZIALGESCHICHTE
ZEITGESCHICHTE

Schreibgespräch

Schweigend sprechen Teilnehmer und Teilnehmerinnen einer Gruppe miteinander.

Ältere Menschen kennen oft nur eine bestimmte Form der Erwachsenenbildungsarbeit: Vortrag mit anschließender Diskussion. Diese überkommene Didaktik verhindert tiefere Auseinandersetzung mit Themen, Erfahrungen und Prozessen. Entgegen den eigenen Ansprüchen der Didaktik reagieren die meisten im Gespräch mit unstrukturiertem Reden. Das, was sich während der Phase des Zuhörens anstaute, wird nun preisgegeben und dient weniger den Themen als der Selbstentlastung. Eine Möglichkeit der Konzentration auf sich und andere ist die bewusste Verlangsamung des Gespräches durch Schreiben. Es wird Reflexionsraum gegeben, um biografisches Arbeiten in angemessener Zeit und Ruhe zu ermöglichen.

Eine Thema-Frage oder These wird in den Mittelpunkt gestellt. Auf einen großen Bogen Papier, der auf dem Boden liegt oder auf mehreren zusammengeschobenen Tischen leichter zugänglich ist, schreiben die Anwesenden. Sie werden ausdrücklich dazu ermuntert, Aussagen anderer zu kommentieren, weiterzuführen oder zu ergänzen.

Je nach Kreativität können die Aussagen bebildert oder mit Linien vernetzt werden.

Intergenerationen

oder: Früher war es schlechter, heute ist es schlimmer

Marita, bitte find' mich.
Ich bin schon fast dreißig.

Leonard Cohen

ICH/PAAR
GRUPPE
PROJEKT

BESINNUNG
BEGEGNUNG
BILDUNG
KRISE

BIOGRAFIE
SOZIALGESCHICHTE
ZEITGESCHICHTE

Lebensentscheidungen und Lebensereignisse im Vergleich

Lebensdaten unterschiedlicher Zeitepochen werden miteinander verglichen.

Zu jedem Durchschnittsleben gehören bestimmte Fixpunkte, die zu unterschiedlichen Zeiten anders terminiert sind. In wissenschaftlichen Untersuchungen sind Durchschnitte ermittelt worden. Solche Fixpunkte, die miteinander verglichen werden können, sind u.a.

- Einschulung,
- Dauer der Schulzeit,
- Beginn der beruflichen Tätigkeit,
- Militärzeit,
- Eigner Hausstand,
- Eheschließung,
- Kindergeburten,
- Ende der beruflichen Tätigkeit,
- Tod.

Vergleicht man die Fixpunkte eines Anfang des 20. Jahrhunderts lebenden 60-Jährigen mit der Biografie eines Menschen, der z.B. 1990 in Rente geht, so wird sehr schnell deutlich werden, dass beispielsweise Eheleute jenseits der beruflichen oder familiären Tätigkeiten heute in der Regel eine lange Paarzeit am Ende des Lebens vor sich haben. Daraus erwachsen Chancen und Krisenmöglichkeiten, die in den Blick genommen werden können.

Diese Form der **Zeitleisten**arbeit bezieht sich in der Regel auf indivuduelle Entscheidungen oder Notwendigkeiten. Reizvoll ist es, diese in Kontakt zu gesellschaftlichen Zeitleisten zu bringen und die eigenen individuellen Schlüsse zu vervollständigen.

Außerdem können Vergleiche von Lebensentscheidungen und -ereignissen im Mittelpunkt kleiner Projekte stehen – z.B.:

- Wie lange gingen Kinder im 19. Jahrhundert in die Schule?
- Wie sahen in vergangenen Jahrhunderten berufliche Ausbildungen aus?
- Hochzeitsfotos verschiedener Jahrzehnte werden miteinander verglichen.

Verschwundene Orte, Fähigkeiten oder Lebenszusammenhänge werden als Teile eigener Biografie oder der Vorfahrenbiografien wieder entdeckt.

○ ICH/PAAR
● GRUPPE
● PROJEKT

○ BESINNUNG
● BEGEGNUNG
● BILDUNG
○ KRISE

○ BIOGRAFIE
● SOZIALGESCHICHTE
○ ZEITGESCHICHTE

Wir leben in einer Zeit des Verschwindens. Immer schneller werden neue Produkte entwickelt und alte überflüssig gemacht. Ständig neue Ereignisse verdrängen die vom Vortag. Bestimmte Lebensfertigkeiten werden nicht mehr gebraucht, weil die Gegenstände oder Themen, auf die sie angewandt werden konnten, verschwunden sind.

Dieses Verschwinden ist nicht neu. Alle Generationen haben dies beobachten können. Neu ist, dass die Geschwindigkeit zunimmt. Konnte man früher linear ansteigende Tempi feststellen, so scheinen sich diese Geschwindigkeiten nun in Potenzen zu entwickeln mit der Folge, dass den Menschen immer höhere Anpassungsleistungen abgefordert werden. Sie kommen mit der Verarbeitung ihrer Erfahrungen nicht nach und verweilen auf Stufen, die den neuen Lebensbedingungen nicht mehr entsprechen. Oder: Sie brechen Lebensvollzüge unentwickelt ab, passen sich vorschnell den neuen Vorgaben an, bis auch hier abgebrochen werden muss, weil sich das Tempo der Veränderung mittlerweile wieder gesteigert hat. Planung und Perspektive wirkt in Biografien manchmal nahezu irreal, da wegen der Veränderungsrhythmen wenig Konstante vorfindbar sind, an denen Orientierung möglich wäre.

Hinzu tritt, dass die Folgenabschätzung der »Fortschritts«-entwicklung kaum folgen kann. Es werden Schritte gegangen, deren Konsequenzen nicht mehr berechenbar sind.

Wir haben es mit einem Paradoxon zu tun: Immer schneller entwickeln wir uns in die Zukunft, um immer mehr in der Gegenwart zu sein. »In Gegenwart« heißt hier: Nur für den Moment zu leben, für den unmittelbaren Profit, die Lebenzufriedenheit.

Wir leben in einer Kultur des Verschwindens. Erinnerungsarbeit ist auch deswegen notwendig.

– *Von nahezu allen Städten, Kleinstädten und (manchmal) Dörfern gibt es aus verschiedenen Jahrhunderten bildliche Darstellungen. Man findet sie in den örtlichen Museen, im Stadtarchiv oder in den Publikationen zur Heimatge-*

schichte. Es ist interessant, mit diesen Darstellungen die Orte aufzusuchen, an denen sie gemalt bzw. gezeichnet worden sind. Die Erinnernden begeben sich in die Perspektive des Künstlers und vergleichen das heutige »Bild« mit den damaligen. Die Veränderungen werden registriert und analysiert. Die Beobachtungen bieten Anregungen, bei Ortskundigen Gründe für die Veränderungen zu erforschen.

Es kann hilfreich sein, aus der Perspektive des Künstlers ein Foto zu machen, das, entsprechend vergrößert, sorgfältige Vergleiche ermöglicht.

- *Manche Berufe sind verschwunden. Stellmacher gibt es nicht mehr, Schmiede nur noch selten und der Schriftsetzer kann sein ehemals hoch entwickeltes Arbeitsmaterial nur noch in Museen betrachten. Mit den Berufen sind Fertigkeiten und Traditionsstränge verloren gegangen. In der Arbeiterbewegung waren die Setzer, die lesen konnten, führend. Hufschmiede waren für das Transportwesen bzw. die Arbeitstiere unverzichtbar und deshalb geachtete Handwerker im Dorf. Andere Berufe gibt es zwar noch, haben sich aber gewandelt. Die meisten Metzger z.B. arbeiten nicht mehr in familiären Kleinbetrieben, sondern in großen Fleischfabriken mit industriellen Standards.*

Welche Berufe hat es im eigenen Stadtteil gegeben, wo gehen weitere verloren? Können die Fertigkeiten quasi »gesammelt« werden oder ist der Verlust unwiederbringlich?
Welche sozialen Probleme gehen mit diesen Veränderungen einher?
Seitdem die POST AG ihre Unternehmen nach bestimmten profitorientierten Standards strukturiert, gibt es den rasenden Zusteller, dessen Auto mit laufendem Motor vor Briefkästen parkt. Er hat knappe Vorgabezeiten und die sozialen Funktionen, die früher Briefträger hatten, können von ihm kaum mehr wahrgenommen werden. Dieses Verschwinden von Lebensqualität wird von uns sehenden Auges akzeptiert.

- *In manchen Städten gibt es alternative Stadtpläne und Stadtführungen. All das, was in den offiziösen Stadtführungen nicht vorkommt, wird hier gezeigt bzw. dargestellt: »Geschichtsbetrachtung von unten«, die deshalb lebendiger und oft wertvoll zur Ergänzung eigener Biografie bzw.*

Biografiearbeit ist. Solche Alternativen dienen der Spurensicherung insbesondere des Alltags und geben Gegenbilder, die unsere Erinnerung anregen (Ist es nicht denkbar, dass eine Seniorengruppe einen Altenstadtplan entwickelt, der insbesondere das Leben alter Menschen im Blick hat und aus dieser Perspektive informiert?).

Biografiearbeit braucht die lokale Erinnerung. Verschwinden ängstigt deswegen, weil es an das eigene Fortgehen aus der Welt erinnert.

Die Gesellschaft reagiert mit dem Reflex, alles und jeden medial festzuhalten und zu archivieren. In diesen unüberschaubaren gesellschaftlichen Datensammlungen verschwinden Menschen, Fähigkeiten und Fertigkeiten mit der Begründung und unter dem Vorwand, sie bewahrt zu haben.

Vergangenheiten

ICH/PAAR
GRUPPE
● PROJEKT
BESINNUNG
● BEGEGNUNG
● BILDUNG
KRISE
● BIOGRAFIE
● SOZIALGESCHICHTE
● ZEITGESCHICHTE

Das Vergangene wird mit dem Gegenwärtigen verglichen. Die registrierten Unterschiedlichkeiten sind Erinnerungsanker für die Entdeckung eigener Lebensspuren in der Gesellschaft.

Niemand lebt allein, eine Existenz jenseits gesellschaftlicher Beziehung ist nicht möglich, ist vielmehr der Tod selbst. Indem Vergangenes mit der Gegenwart verglichen wird, werden Erinnerungsanker angeboten. Welchen Weg hat die Gesellschaft genommen, wie war der persönliche Weg? Welche Entwicklungen haben Einfluss gehabt auf das Einzelschicksal, wo bewegten Einzelschicksale das Ganze?

Manchmal nehmen die unterschiedlichen Entwicklungen unmerklich Einfluss aufeinander: das Private wird öffentlich, das Öffentliche privat.

Während des Prozesses der Wiedervereinigung stellten die Menschen in DDR und BRD überrascht fest, wie unterschiedlich sie geworden waren. Nicht nur das Landsmannschaftliche oder die Region, auch der Staat und die unterschiedlich strukturierten Gesellschaften hatten sie geprägt und unterschiedliche Wege gehen lassen.
Die Sprache war nur oberflächlich gemeinsam, das Trennende diente bestenfalls als Witzmaterial (der berühmte »Broiler« oder die »Sättigungsbeilage«). Das, was lustig war, bestimmten die, die ökonomische Macht gewonnen hatten.
Aber das, was im gemeinsamen Leben wichtig war, unterlag nicht mehr dem Konsens (die Kinderkrippen, das Recht auf Arbeit). Zu alledem schien auch eine andere Form von Verantwortungsethik gewachsen zu sein (hier die Betonung des Einzelnen, dort die der Gruppe).
Bei einem Treffen von Rentnern aus den östlichen Bundesländern wuchs die Idee, eine gemeinsame Veranstaltung mit Rentnern aus den westlichen Ländern zu organisieren. Kontakte wurden geknüpft, die Veranstaltung kam zustande.
Im Mittelpunkt stand der Alltag. Anhand einer Zeitleiste (die fünfziger und die sechziger Jahre) wurden gesellschaftliche und private Erinnerungen ausgetauscht.
Dann stellte jeder seinen normalen Tagesablauf Anfang der achtziger Jahre vor und schilderte die Wohnsituationen, die

Dorf- bzw. Kleinstadtentwicklung. Dies wurde wiederum verglichen mit den jetzigen Lebenssituationen.
Der Gruppenleiter bestand sehr häufig auf Klärung von Begriffen: Nicht nur das scheinbar Fremde (»Kollektiv«) musste erklärt werden, auch »Kindergarten«, »Feiertag«, »Glauben« und ähnliche Worte des Alltags.
Jede private Datierung wurde mit einer gesellschaftlichen kontrastiert bzw. kombiniert. So entwickelte sich ein Netz persönlicher bzw. öffentlicher Daten und Ereignisse, und die Verwobenheit aller mit allem wurde erkennbar. Aber auch das Spaltende im doppelten Wortsinne war spürbar geworden. Die Grenze zwischen beiden Gruppen war nicht fiktiv, sondern vorhanden (gewesen).
Das Trennende wurde herausgearbeitet, um daraus das Verbindende zu entwickeln oder darin zu finden. Erst aus der Achtung vor den Unterschieden wuchs das Verständnis und wurde Basis für Gemeinsamkeiten geschaffen.

Vergangenes mit Gegenwärtigem zu vergleichen, ist auch bei der Einzelbiografie möglich: Wie war der Tagesablauf vor fünfzig, vierzig, dreißig, zwanzig Jahren, wie ist er heute? Es ist notwendig, dabei so konkret wie möglich vorzugehen. Hilfreich können Schemata sein, z.B. eine Tagesleiste mit Zeitstruktur.

Vergessene Wörter

ICH/PAAR
● GRUPPE
● PROJEKT
BESINNUNG
BEGEGNUNG
● BILDUNG
KRISE
BIOGRAFIE
● SOZIALGESCHICHTE
ZEITGESCHICHTE

Sprache wird durch gesellschaftliche Entwicklungen verändert: Wörter werden vergessen, unterliegen der gesellschaftlichen Amnesie und verschwinden aus dem Sprachgebrauch. Mit ihnen verschwindet zum Teil auch das, was sie bezeichneten.

Sprache entwickelt sich weiter. Neue Fertigkeiten und Erfahrungen brauchen neue Beschreibungen. Ein Wort wie »Halbwertzeit« hätte in den siebziger Jahren niemand verstanden. Bis weit in die Sechziger hinein war der Begriff »geil« schmutzig-sexuell belegt. Heute benutzen ihn auch Oberstudienräte und es kommt ihnen nicht der Gedanke, dies schamhaft zu tun. Neue oder umgedeuteteWörter kennzeichnen den Zustand der Gesellschaft und machen sie verstehbarer, vorausgesetzt, man betrachtet sie analysierend. Wörter, die verschwunden bzw. auf dem Weg ins Vergessen sind, tun dies auf ihre Art auch.

Wörter wie »Gnade«, »Demut« oder »Opfer« werden in wenigen Jahrzehnten von niemandem mehr in ihrer ursprünglichen Bedeutung verstanden werden. Die Gründe dafür sind facettenreich: Das, was sie bezeichnen, verschwindet. Ihr Umfeld (Religion) verliert an gesellschaftlicher Bedeutung. Die ihnen innewohnenden Haltungen oder anheftenden Zuschreibungen scheinen nicht mehr demokratischen Standards zu entsprechen (Begriffe wie Recht, Selbstbewusstsein oder Sicherheit haben hingegen Konjunktur).

Dennoch verlieren diese Worte ihren eigentümlichen Zauber nicht. Sie wirken wie Grüße aus einer untergegangenen Zeit, die man so gern festgehalten hätte.

»Worte sammeln« hieß eine Aktion, die eine Jugendgruppe veranstaltete. Sie befragte alte Menschen und Lexika, studierte alte Zeitungen und Bücher. So fand sie viele Wörter, die in der Alltagssprache nicht mehr auftauchen oder nur gewandelt benutzt werden. Untergegangene Gefühlswelten erschlossen sich und im Kontakt zu alten Menschen stellten sich neue emotionale Ebenen ein.

Wörter kann man **ausstellen**: Kalligrafisch in der Schrift ihrer Zeit gestaltet, werden sie so zu anregenden Kunstwerken und Anregungen für biografisches Arbeiten.

Manchmal wird das Vergessen auch angeordnet: Die Worte »Kader« oder »Kollektiv« werden im wieder vereinigten Deutschland in ihrer Ostbedeutung mittlerweile tabuisiert.

Auch **Dialekte** unterliegen Veränderungen oder sind im Schwinden begriffen. Der emotionale Gehalt von Sprache ändert sich und mit ihm Anbindung, Bodenhaftung. Kulturelle Identitäten verschieben sich, neue treten hinzu. »Multikulturell« ist schon lange nicht mehr Kennzeichen nationaler Binnenstruktur, sondern Bereicherung über Grenzen hinaus. Die »Dialekte« der Gegenwart sind auch geprägt von Amerikanismen oder türkischen Sprachfarben.

Lebenserfahrung in der Schule

ICH/PAAR
GRUPPE
● PROJEKT
BESINNUNG
● BEGEGNUNG
● BILDUNG
KRISE
● BIOGRAFIE
● SOZIALGESCHICHTE
ZEITGESCHICHTE

Ältere Menschen erzählen als Zeitzeugen in der Schule.

Lebenserfahrung hat an Schulen häufig wenig Platz. Das Fach Geschichte versteht sich selten als »Lebensgeschichte«. Zeitzeugen helfen diesem Defizit ab.

Zwar wird man einwenden, dass durch solche Unterrichtserweiterungen auch nur begrenzt Zeiträume anschaulicher werden. Allerdings rücken Kinder und Jugendliche über Erzählungen näher an frühere historische Zeitabschnitte heran. Für sie erstehen Epochen wieder, werden begreifbarer. Sie begegnen in der Gegenwart der Geschichte unmittelbar und authentisch.

Was haben Zeitzeugen davon? Ihr Leben wird wichtig genommen! Sie begegnen heutigen Erfahrungen, vergleichen und fühlen sich wie die Schüler und Schülerinnen eingebettet in ein Zeitkontinuum.

In die Geschichtsstunde zum Thema Nationalsozialismus wurde Hans C. eingeladen, der sehr viele Interviews zum Leben der Juden in seiner Stadt gemacht und diese publiziert hatte. Er war Zeitzeuge, berichtete von seinen Schulwegen, auf denen er einen jüdischen Jungen anfangs hat schützen können, und teilte etwas von seinen Ängsten, Schmerzen und Versagungen mit. Später gingen alle an die Orte, an denen er sich mit dem jüdischen Freund getroffen hatte. Das Erzählte verdichtete sich durch die Begegnung mit dem Ort.

Das Frankfurter Institut für Stadtgeschichte hat das Projekt »Fragt uns aus«, ein **»Erzählcafé für Schüler«** gestartet. Mit den Mitarbeitern können Themen und Termine abgestimmt werden.

Nicht allein die großen historischen Themen sollten im Mittelpunkt solcher Begegnungen stehen, der Alltag ist wichtig: War die Straße immer schon Fußgängerzone? Was stand früher anstelle des Kaufhauses? Hat es einmal andere Straßennamen gegeben? Wann sind Sie dem ersten Auto begegnet?

Die Gegenwart war unsere Zukunft

Im Dreigenerationengespräch wird Trennendes und Verbindendes gesucht.

ICH/PAAR
GRUPPE
● PROJEKT

BESINNUNG
● BEGEGNUNG
BILDUNG
KRISE

● BIOGRAFIE
● SOZIALGESCHICHTE
ZEITGESCHICHTE

Wenn sich unterschiedliche Generationen begegnen, macht man häufig eine erstaunliche Feststellung: die Alten meinen, die Jungen interessieren sich nicht für ihre Lebenserfahrung und die Jungen meinen, die Alten hätten wenig Sinn für ihre Art zu leben. Die Generation der Vierzigjährigen hingegen scheint weder mit den Jungen noch mit den Alten viel zu tun haben zu wollen. Sie leben offensichtlich im Jetzt (freundlich formuliert) bzw. scheinen sich nicht mit überflüssigen Sentimentalitäten (unfreundlich formuliert) abgeben zu wollen.

Sobald aber die Gespräche beginnen, verschwimmen die vorher so klaren Bilder. Man entdeckt Neugierverhalten und offene Freundlichkeit, zwischenbilanzierende Nachdenklichkeit. Alte Vorurteile müssen revidiert werden. Es kommt auf die Haltungen des Erzählers und Zuhörers an, die Biografisches Arbeiten möglich machen.

In einer schulischen Projektwoche kamen Eltern mit ihren Kindern und deren Großeltern zusammen. Unter der Überschrift »Die Gegenwart war unsere Zukunft« wurden unterschiedliche Lebenserfahrungen und -abschnitte thematisiert:

- *Kindheit,*
- *Schulalltag,*
- *Freizeit,*
- *Berufswahl,*
- *Krieg und Frieden,*
- *Taschengeld.*

Abgeschlossen wurde die Projektwoche mit einem gemeinsamen Tag. Eine Schreibgruppe, die sich gefunden hatte, befragte während dieses Tages alle Teilnehmer und Teilnehmerinnen zu konkreten Lebenssituationen und erstellte daraus einen großen Bericht, der allen zuging und auf der Jugendseite der Lokalzeitung in Ausschnitten publiziert wurde.

Intergenerative Gespräche gelingen vor allen Dingen dann, wenn alle Generationen Sicherheit in ihren Gruppen gefunden haben. Oft ist es sinnvoll, eine Gesprächseinheit getrennt zu beginnen, um dann erst das gemeinsame Gespräch zu suchen.

Zukunft spiegelt Vergangenheit

● ICH/PAAR
○ GRUPPE
○ PROJEKT

● BESINNUNG
○ BEGEGNUNG
○ BILDUNG
● KRISE

● BIOGRAFIE
○ SOZIALGESCHICHTE
○ ZEITGESCHICHTE

Zukunftswünsche und Zukunftsrealitäten werden miteinander verglichen.

Banal: Je länger das Leben gedauert hat, desto kürzer wird die Zeit bis zum Tod. Für den einen verdichten sich die letzten Jahre zu einem großen Wunschgebilde: Pläne werden geschmiedet, Hoffnungen gemacht. Es scheint, als solle die Endlichkeit ausgetrickst oder geleugnet werden. Für die anderen ist die Zeit des Abschieds gekommen, der nicht punktuell sein soll, sondern eine lange Phase der Reflexion, Besinnung, Verinnerlichung und des Beendens ist.

Das Leben zu planen wird absurder. Es kommt die hohe Zeit der Bilanz.

Zukunftspläne oder -wünsche sind Widerspiegelung des Vergangenen. In ihnen wird deutlich, wie zufrieden man sein Leben gelebt hat: Muss nachgeholt werden? Wird mit der momentanen Lebenssituation gehadert? Soll die Erfüllung übermächtiger Wünsche den Ausgleich für die enttäuschende Vergangenheit bringen?

Wunschdenken bricht sich an der Realität. Das, was weit über die Realität hinausschießt, ist Reflex unbefriedigter Vergangenheit.

Aus der Spannung zwischen Wunsch und Realität entwickelt sich ein anderes Bild von den letzten Lebensmöglichkeiten des Alters.

Auf einem Bogen wird folgende Situation beschrieben: »Stellen Sie sich vor, dass Sie fünf Jahre älter sind. Wie soll Ihr Leben dann aussehen?« Auf der Vorderseite wird nach den Wünschen gefragt, die mit Stichworten schriftlich beantwortet werden sollen.

- *Wo wollen Sie leben?*
- *Womit wollen Sie den größten Teil Ihrer Zeit verbringen?*
- *Wer soll Ihnen dann besonders nahe stehen?*
- *Was wollen Sie an einem durchschnittlichen Tag tun?*
- *Worauf soll es Ihnen dann im Leben ankommen?*
- *Was soll das Wichtigste in Ihrem Leben sein?*
- *Was soll der wesentliche Unterschied zu Ihrem bisherigen Leben sein?*
- *Was soll Ihr Ziel für die nächste Zukunft sein?*

Auf der Rückseite werden die Fragen inhaltsgleich wiederholt mit der Bitte, nicht die Wünsche, sondern die vermutete Realität zu beschreiben:

- *Wo werden Sie leben?*
- *Womit werden Sie den größten Teil Ihrer Zeit verbringen?*
- *...*

Die Unterschiedlichkeit der Antworten wird Gesprächsgegenstand, die Frage nach dem gegenwärtigen Ziel meistens Mittelpunkt des Gespräches.

Statt eines solchen Fragebogens kann auch eine **fiktive Situation** erzählt werden (»Sie werden krank sein und überwiegend die Tage in Ihrer Wohnung verbringen.«). Die gewünschten oder die vermuteten Eigen- und Fremdreaktionen werden entsprechend befragt.

Erinnerungskoffer

ICH/PAAR
GRUPPE
PROJEKT
BESINNUNG
BEGEGNUNG
BILDUNG
KRISE
BIOGRAFIE
SOZIALGESCHICHTE
ZEITGESCHICHTE

Materialien, die die Einnerungsarbeit anregen, werden in einem Koffer für unterschiedliche Formen und Anlässe der Biografiearbeit zusammengestellt.

Die Idee ist von Age Exchange London, einer intergenerativen Initiative, (weiter)entwickelt worden: der Erinnerungskoffer. Er war ursprünglich für den Einsatz bei alten Menschen gedacht. Später arbeiteten auch Schulen damit. In Koffern finden sich unterschiedliche Materialien, die die Erinnerungsarbeit anregen oder jüngere Menschen zum Nachfragen reizen. Die Einsatzmöglichkeiten sind nahezu unbegrenzt. In Schulen bereichern sie nicht nur den Geschichtsunterricht, in Altenkreisen beflügeln sie das Erzählen, in Museen machen sie Trockenes anschaulich.

Im Folgenden sollen einige Anregungen gegeben werden, was in einen solchen Erinnerungskoffer gepackt werden kann.

- *Kinderspiele und Kinderreime: Springseil, Brummkreisel, Kastanien, Murmeln, Jojo, Zigarettenbildchen, Zwille, ein altes »Mensch-ärgere-Dich-nicht«. Ein Buch mit Kinderreimen: z.B. »Allerleirauh«.*
- *Hausarbeit als Frauenarbeit: Scheuerbürste, Scheuersand, Schuhwichse, Bimsstein, Wäschestärke, Gummiflaschenstöpsel, Weckgläser.*
- *Küchengeräte aus der Zeit, als es noch keine Fertigkost gab: Dosenöffner, Gurkenhobel, Teigroller, Fliegenklatsche, Schürze, Fidibus, alte Rezepte.*
- *Einkaufen bei Tante Emma: Netz, altes Geld, Rabattmarken, Lebensmittelkarten, Einkaufslisten, Zuckerbonbons.*
- *So machten sie sich fein: Handtasche, Kragen, Hemdbrust, Rasiermesser und Streichriemen, Schal, Spitzenhandtuch, Klappzylinder, Lockenstab.*
- *Der seltene Urlaub: Box-Kamera, Fahrradklingeln, Muscheln, Thermoskanne, Fahrkarten.*
- *Krieg und die damit verbundenen Schrecken: Bilder, Orden, Todesanzeigen, Kindersuchanzeigen, Gasmasken, Personalausweise, Überlebensrezepte, Kohlen, Weizen- oder Malz-Kaffees (Kathreiners).*
- *Hausmittelchen und anderes: Zinksalbe, Stoffwindeln, Wärmflasche, Watte, Rizinusöl.*

Weitere Themengebiete sind denkbar: Reparieren und Flicken, Arbeit im Büro und der Fabrik (der Henkelmann!), Sprichwörter, Aberglaube, fremde Länder, das erste Auto, alte Zeitungen. Wer anfängt, so einen Koffer zusammenzustellen, der wird bald in eine wahre Sammellust verfallen.
Beim Age Exchange Projekt wird mit sehr vielen unterschiedlichen Themenkoffern gearbeitet. Einfacher ist es zumindest am Anfang, eine Art Grundkoffer herzurichten, der Gegenstände quer durch alle Themengebiete beinhaltet.
Denkbar sind auch zielgruppenorientierte Koffer.

Die Idee des Erinnerungskoffers geht von authentischen oder quasi-authentischen Materialien aus. Erinnerungskoffer können aber auch Gegenstände enthalten, die freie Assoziationen ermöglichen, durch kollektive Erinnerungen nicht besetzt, sondern individuell anregend sind.

Der Erinnernde gibt ihnen aufgrund seiner Biografie Bedeutung: Für die eine ist die Kerze Erinnerung an ein Weihnachtsfest, für den anderen an knappe Kriegsjahre und dritte erzählen von ihren Kindern. Die Kerze erinnert sie an die Taufe.

Bildbände

- ● ICH/PAAR
- ● GRUPPE
- ○ PROJEKT
- ○ BESINNUNG
- ● BEGEGNUNG
- ● BILDUNG
- ○ KRISE
- ● BIOGRAFIE
- ● SOZIALGESCHICHTE
- ○ ZEITGESCHICHTE

Bildbände über einzelne Zeitepochen oder Orte helfen, eigene Erinnerungen zu finden.

Auch der Markt mit Fotobüchern boomt. Seitdem die Beschäftigung mit »Heimat« den Geruch des Konservativen oder gar Reaktionären verloren hat, werden immer mehr Fotobücher veröffentlicht, die Alltagsleben unterschiedlicher Zeitabschnitte und Orte dokumentieren. Sie helfen erinnern an die kleinen Dinge des Lebens und kontrastieren die Gegenwart. Sie sind ausgesprochen nützliche Medien, um intergenerative Gespräche anzuregen.

In einem Seminar über die 50er Jahre wurden zwei Bildbände zur Kindheit in Stadt und Dorf in den Mittelpunkt einer einführenden Betrachtung gestellt.
Die Isetta erinnerte den Sohn des Tankstellenbesitzers an seine Wochenenddienste, der alte lederne Ranzen an die Volksschullehrerin und plötzlich sprachen alle über das Murmelspielen mit den »Tonknickern« auf dem Schulhof. Es entwickelte sich eine fast hitzige Diskussion über Spielregeln, Murmelwertigkeiten und »Bastards« (besonders schöne Glasmurmeln).

In der **Kinderliteratur** finden sich Materialien, die diese Art des biografischen Arbeitens anregen können.

Kollektives Gedächtnis

oder: Öffentliches Erinnern versuchen

Auf Erinnerung bestehen kann mitunter schon Widerstand sein zumindest dann, wenn Vergeßlichkeit großgeschrieben oder aber dekretiert wird.

Siegfried Lenz

Erzählcafé

- ICH/PAAR
- GRUPPE
- ● PROJEKT

- BESINNUNG
- ● BEGEGNUNG
- BILDUNG
- KRISE

- ● BIOGRAFIE
- ● SOZIALGESCHICHTE
- ZEITGESCHICHTE

Orte der Erinnerungsarbeit und des Biografischen Erzählens werden Begegnungsmöglichkeit für Menschen.

Erinnerung braucht Orte, damit sie gesellschaftlich nützlich wird. So notwendig die Selbstvergewisserung ist, die intime Bilanz oder die Erinnerung von und in familialen Zusammenhängen, so wichtig ist auch das öffentliche Erinnern, der Austausch, das Gespräch.

Wenn die Biografien von Menschen Bedeutung haben sollen, Zeitströme illustrieren oder kontrastieren, Widerrede darstellen, sich gegen die überbordende Ökonomisierung des Alltags richten, dann braucht Erinnern Öffentlichkeit. Das Private muss öffentlich riskiert werden. Der glatte Schein des funktionierenden Lebens muss gebrochen werden durch das Einzelschicksal, die Widerspiegelung des Gesellschaftlichen im Privaten erkennbar werden.

Die Verquickung von Gesellschaft und Schicksal, das gegenseitige Spiegeln, das Ineinanderfließen unterschiedlicher Biografien in der erzählenden Begegnung ist das Anliegen von Erzählcafés oder ähnlichen öffentlichen Runden.

»Café« steht in diesem Zusammenhang für »Öffentlichkeit«. In Cafés begann öffentliche Meinungsbildung. Hier übte das erstarkende, intellektuelle Bürgertum den Diskurs. Hier entwickelten sich gesellschaftliche Ideen und Manifestationen.

Zum anderen sind Cafés traditionell Plätze des Plauderns, des unverbindlichen Austausches, der privaten Begegnung in der Öffentlichkeit. Zielen Wirtshäuser eher auf Öffentlichkeit alles Gesprochenen, so sind Cafés eine Ansammlung von verbundenen Inseln des Privaten.

Die bekanntesten Erzählcafés befinden sind in Frankfurt und Berlin. Der Moderator des Frankfurter Treffpunkts, Michael Fleiter, nennt einige Grundanforderungen: »Ein wesentlicher Aspekt, ein wichtiges Element unseres Erzähl-Programms ist die Themenvielfalt. Diese ist bedingt durch die Verschiedenartigkeit von Biografien. Kein Thema sollte unverhältnismäßig oft vertreten sein. Bei der Themenauswahl geht es nicht darum, Erinnerungen bloß zu konsumieren. Gefragt sind Schwerpunkte, mit denen sich eine Diskussion über aktuelle Probleme verbinden lässt.«

In einer Stadt mit 40.000 Einwohnern hatte sich ein Arbeitskreis »Alltagshilfen« nach dem Vorbild der Amsterdamer Gilde gebildet. Ein Netzwerk nachbarschaftlicher Hilfen sollte entstehen: Hilfesuchende und Helfer wurden miteinander in Kontakt gebracht. So lernten sich immer mehr Menschen kennen, die vorher miteinander keinen Kontakt hatten. Eines Tages entschloss man sich, einen Abend zum Thema »Nachbarschaft in den fünfziger Jahren« zu veranstalten und dort darzustellen, wie Hilfe früher angeboten und genutzt wurde. Der Abend wurde ein Erfolg. Viele ältere Menschen kamen und erzählten von ihren guten Erfahrungen, von Enttäuschungen, von Begegnungsmöglichkeiten in der Stadt.
Der Arbeitskreis gründete ein Erzählcafé.
In einem alten Gemeindehaus fanden regelmäßig Runden statt, die unter einem bestimmten Thema standen: »Nachkriegsjahre«, »Kirche in den fünfziger Jahren« oder »Der Milchladen in der Rosenstraße«. Während der Kommunalwahl wurde über frühere Bürgermeister berichtet, während des Altstadtfestes an die Feiertraditionen der Stadt erinnert.
Ein Moderator und eine Moderatorin führten in das jeweilige Thema ein. Ein Zeitzeuge wurde zum Thema befragt, dann alle Anwesenden beteiligt. Dazu gab es Kaffee und Plätzchen.

Erzählcafés können Kristallisationspunkte werden, von denen vielfältige Impulse ausgehen. Hier werden Zeitzeugen für Schulklassen gefunden. Heimathistoriker lassen sich anregen und stoßen auf Foto- und anderes Material. Kontakte entstehen im privaten und gleichzeitig öffentlichen Raum.

Erzählcafés sind keine lokalen Ausgaben der unsäglichen Dutzendtalkshows. Im Gegensatz zum Fernsehquatsch steht der Erinnernde im Mittelpunkt, nicht der Konsument. Darauf bei Inhalt und Dramaturgie zu achten, ist vornehme Aufgabe der Initiatoren.

Zeitzeugenbörse

ICH/PAAR
GRUPPE
● PROJEKT

BESINNUNG
● BEGEGNUNG
● BILDUNG
KRISE

● BIOGRAFIE
● SOZIALGESCHICHTE
ZEITGESCHICHTE

Zeitzeugen werden öffentlich vorgestellt und vermittelt.

Es gibt Anzeigenblätter, Stellenausschreibungen oder Werbung für Produkte. Menschliche Kontakte hingegen entstehen meistens auf der persönlichen Ebene, dem zufälligen Kennenlernen auf Veranstaltungen, in der Nachbarschaft oder Familie.

Wer weiß von den Vormietern der eigenen Wohnungen? Oder: Wie sah es früher in der eigenen Straße aus? Was hat die Stadt im Krieg erlebt? Waren die späten 60er Jahre wirklich so revolutionär, wie viele erzählen, die die Studentenbewegung miterlebt haben?

Es gibt wenig Möglichkeiten, aus erster Hand von Zeitzeugen zu erfahren, was sich zu einer bestimmten Zeit, an einem bestimmten Platz, mit bestimmten Menschen getan hat. Der folgende Vorschlag systematisiert die Suche nach Zeitzeugen.

Es wird ein Anzeigenblatt eigener Art gegründet. Über die lokale Presse, Gemeindebriefe von Kirchengemeinden, Vereinsblätter u.Ä. werden Zeitzeugen zu unterschiedlichen Themen gesucht. Die, die sich melden, werden unter Stichwort in dem »Blatt« veröffentlicht und »angeboten«. Mit einer Chiffre-Nummer kann die Adresse angefordert und der Zeitzeuge eingeladen werden.
In einem zweiten Teil des Blattes können Zeitzeugen angefordert werden (»Wer kann mir etwas über die alte Ahornallee nahe der Marktkirche erzählen?«). Schulklassen suchen Erzähler, ein Verein lädt Zeitzeugen zum 50. Jubiläum ein, Familie Müller möchte gern die Vorbesitzer des eigenen Hauses kennen lernen, der Pfarrer sucht Informationen über kirchliche Feste in den dreißiger Jahren. Die Börse vermittelt und das Blatt erscheint regelmäßig, kann sogar abonniert werden.

Die ZeitZeugenBörse in Berlin (»Wir organisieren und vernetzen Erinnerungsarbeit«) bietet unterschiedliche Vermittlungsformen an: Listen, mit denen Zeitzeugen zu bestimmten Themen gesucht werden, Datenbank für Angebote und Nachfragen, Börsenbrief, den »Halbkreis«, eine Erzählrunde.

Biografiearbeit geht manchmal ungewöhnliche Wege. Ihr Reiz liegt in der Verschränkung von Privatem und Öffentlichem, von Geben und Nehmen.

Stadt- oder Dorfarchive werden ergänzt durch Erinnerungszentren, in denen Erinnerungen der jüngeren Vergangenheit aufbewahrt werden.

ICH/PAAR
GRUPPE
● PROJEKT
BESINNUNG
● BEGEGNUNG
● BILDUNG
KRISE
BIOGRAFIE
● SOZIALGESCHICHTE
● ZEITGESCHICHTE

Biografisches Arbeiten ist immer auch eine Annäherung an Lebensgeschichten der Vorfahren. Wer sich mit eigener Geschichte auseinander setzt, kommt den anderen Geschichten näher. Erinnern des eigenen Lebens hat Brückenfunktion zu anderem.

Archive sammeln Material, das oft nur mit Sachverstand zum Sprechen gebracht werden kann. Sie sammeln Unterlagen über lange Zeiträume und nicht nur die der unmittelbaren Vergangenheit. Erinnerungszentren hingegen sind Räume der unmittelbaren Erinnerung, unter Umständen Heimstatt für Zeitzeugen. Hier wird nur Material gesammelt und ausgestellt aus den Zeiten, die durch Zeugen unmittelbar und persönlich darstellbar sind.

In W. wurde im Bürgerhaus ein Erinnerungszentrum eingerichtet. Hier fanden die Erzählcafés statt. Gleichzeitig wurden Ausstellungen organisiert. Anlässlich der Abitursfeier des örtlichen Gymnasiums wurden Zeitungsartikel über frühere Abitur-Streiche vergrößert und aufgehängt, Abiturientenmützen ausgestellt, Fotos von den früher üblichen Kutschfahrten der Prüflinge gezeigt. Anlässlich der Bundestagswahl schloss sich eine Ausstellung mit Wahlplakaten der siebziger Jahre an. Über einen installierten Fernseher nebst Videorecorder konnten Wahlspots der Parteien aus dieser Zeit abgerufen werden. Als der Kaffeekreis sein 30-jähriges Bestehen feierte, wurde zu einer großen »Sammeltassenaktion« aufgerufen. So kamen 100 schön-kitschige Sammeltassen zusammen: witzig und erinnerungsanregend.

Erinnerungszentren können mit wenig Aufwand hergerichtet werden. Menschen, die Materialien bereit stellen können, leben noch. Der Reiz solcher Ausstellungen liegt in der Betonung des Alltäglichen, das plötzlich in neuer Dimension gesehen werden kann. Wenn die Möglichkeit besteht, kann aus dem Zentrum ein kleines **Museum** werden, in dem nicht nur ausgestellt, sondern auch gesammelt wird.

ICH/PAAR
GRUPPE
PROJEKT

BESINNUNG
BEGEGNUNG
BILDUNG
KRISE

BIOGRAFIE
SOZIALGESCHICHTE
ZEITGESCHICHTE

Weitere Arbeitsbeispiele aus der Praxis der »Oral history«.

»Eine demokratische Zukunft bedarf einer Vergangenheit, in der nicht nur die Oberen hörbar sind.« So begründet Lutz Niethammer, der deutsche Pionier wissenschaftlicher Praxis der »Oral history« die Notwendigkeit eines anderen Ansatzes von Geschichtsforschung und Geschichtsschreibung. Die Chancen dieses Ansatzes liegen auf der Hand. Allerdings müssen auch Fallstricke im Blick bleiben:

- Erzähler und Zuhörer sprechen unterschiedliche Sprachen, die generativ bedingt sind. Verständigungen gelingen so manchmal nur auf der Oberflächenebene.
- Erzähler versuchen den Zuhörer zu erreichen. Sie passen sich Erwartungshaltungen an, blenden Unerfreuliches aus, schönen die Erinnerung.
- Sich erzählend zu erinnern, führt manchmal auf Wege, die vom Hörer aufgrund fehlender Erfahrung oder Anknüpfung nicht mitgegangen werden können.
- Erzähltes wird stark geprägt von momentan Erfahrenem. So verändern sich Zusammenhänge, Akzentsetzungen. Erinnerung bekommt, je nach Erzählsituation, eine andere Farbe.
- Erinnerung heißt immer auch Verdrängung dessen, das nicht erinnert werden soll.
- Auch der fragende Hörer konstruiert die Erinnerungsarbeit dadurch mit, indem er aufgrund eigener Urteile und Vorurteile nur nach solchen Anteilen forscht, die ihn interessieren, die aber eben nur die halbe Wirklichkeit der Vergangenheit spiegeln.

Diese Phänome muss man kennen, zumal wenn man methodisch oder gar wissenschaftlich orientiert »Oral history«-Praxis betreibt. Im Wissen um diese Begrenztheit liegt eine Chance: Indem ich aufmerksam werde für das Verschwiegene, Verstellte oder das versteckt Dargestellte, kann ich mich als Hörer oder als Erzähler behutsam den blinden Flecken der Erinnerung nähern.

Der »Oral history«-Ansatz ist in verschiedenen Methoden schon vorgestellt worden. Einige weitere Möglichkeiten sollen in kurzen Stichworten genannt werden.

- *Mit Fragebögen kann man vor Ort auf Spurensuche gehen und Menschen um Erinnerung bitten. Je präziser und konkreter die Fragen gestellt sind, desto umfangreicher wird die Materialsammlung sein.*
- *In der eigenen Familie können Lebensläufe erfragt werden. Wenn dies parallel in mehreren Familien oder in kleinen Stadtteilen mit einer Zufallsstichprobe geschieht und die Fragen nach ähnlichem Muster gestellt werden, reichen die Informationen manchmal sogar für eine annähernd repräsentative Auswertung.*
- *Erkundungen versuchen vor Ort, Lebens- oder Arbeitszusammenhänge in umfassender Form zu begreifen. »Erkundung ist eine Realitätsbegegnung mit der Alltags- oder Umgebungswirklichkeit der Lernenden. Es geht dabei darum, Wirklichkeit so, wie sie erscheint (nicht, wie sie in Wort, Schrift und Bild vermittelt wird) in sinnlicher Anschauung oder Erfahrung zu erfassen, zu ordnen, zu analysieren« (Günther Gugel). Dazu werden gemeinsam Beobachtungen gesammelt, Fotos gemacht, Zeitungen ausgewertet, Gespräche geführt. Auf diese Weise kann zum Beispiel Geschichte und Gegenwart eines ortsansässigen Industrieunternehmens erkundet werden.*
- *Expertenbefragungen helfen, eigene Erfahrungen mit denen anderer zu konfrontieren. Experte ist der, der die vergleichbare Lebenszeit selbst erfahren hat und sie auf angemessene Weise reflektiert.*
- *Besuche von Gedenkstätten oder Gedenkorten: Nicht jeder Ort, der Geschichte trägt, teilt dies mit: Oft muss er durch entsprechendes Studium von Literatur oder durch Expertenbefragung erkundet werden.*

Geschichte zu schildern mit dem Anspruch, mehr als Subjektives zu erzählen, gehört zu den wichtigen gesellschaftlichen Aufgaben in der Biografiearbeit.

Biografiearbeit macht Geschichte, den Zusammenhang unseres Lebens, begreifbarer, verstehbarer. Wir sind nicht nur gefangen in unseren Erlebnissen und Erfahrungen, sondern wir sind auch Beeinflussende und Beeinflussbare.

Unser Leben macht Sinn für jeden, der sich berühren lässt. Und die, die abwehren, sind schon Berührte. Wir sind berührbar vom Anfang bis ans Ende unserer Existenz.

Veröffentlichte Erinnerung

- ICH/PAAR
- GRUPPE
- ● PROJEKT

- BESINNUNG
- ● BEGEGNUNG
- BILDUNG
- KRISE

- BIOGRAFIE
- ● SOZIALGESCHICHTE
- ZEITGESCHICHTE

Erinnertes wird durch eine Schriftenreihe oder eine Serie in der Lokalzeitung öffentlich gemacht.

Die meisten lokalhistorisch orientierten Publikationen berücksichtigen Erlebnisse und Erfahrungen nur am Rande. Es besteht der Ehrgeiz des wissenschaftlich Korrekten. Objektivität wird versucht und die Maßstäbe geraten dabei durcheinander.

Heimatgeschichte, die erzählte und erinnerte Geschichte ist, ermöglicht hingegen Näherungen, die durch die gängigen Standards der Geschichtsschreibung eher verstellt werden.

Eine Initiativgruppe ruft auf, zu bestimmten Themen Materialien zu schicken: Fotos, Erlebniserzählungen, Zeitungsausrisse, alte Protokolle.
Das Material wird gesichtet, gewichtet, in ein Konzept gebracht und für eine kleine Heftreihe aufgearbeitet. Dazu werden Interviews gemacht, Zeitleisten erstellt und Darstellungslücken aufgefüllt.

Wenn sich vor Ort eine aktive Gruppe etabliert hat, werden viele Ansätze des Biografischen Arbeitens im Verbund gemacht: Die Publikationsreihe profitiert vom **Erzählcafé**, die **Zeitzeugenbörse** vom **Biografischen Abend**.

(M)ein Glossar

oder: Die Schlagworte beleben

Die Theorie sollte nie vergessen, dass sie nichts weiter ist als angewandte Praxis.
Gabriel Laub

Wer mit Menschen arbeitet, muss mit ihnen in Kontakt sein. Leben und Arbeiten entwickelt sich aus und mit dem Gegenüber. Wer sich feste Konzepte vorgenommen hat, nur mit geplanten Prozessen operiert, scheitert. Kommunikation hat keine einseitige Logik, sondern entsteht in der Begegnung. Menschen beziehen sich aufeinander, nehmen wahr und nehmen auf. Ihre Intentionen verändern sich durch die Gegenäußerung.

Wer sich mit Biografiearbeit beschäftigt, unterliegt schnell der Versuchung, geschlossene Darstellungs-, Erklärungs- oder Explorationskonzepte zu entwickeln. Dahinter steht meistens der Wunsch nach Beherrschung und weniger nach Begegnung.

Sokrates zum Beispiel hatte eine philosophisch einfache Methodik, die auf Begegnung angelegt war: Er wusste, dass er nichts wusste. Begriffe mussten folglich geklärt und die Art ihrer Verwendung erläutert werden. Erst wenn sich alle an der Kommunikation Beteiligten auf die Begrifflichkeiten verständigt hatten, konnte Kommunikation Verständnisgewinn bedeuten.

In dieser Publikation tauchen viele Begriffe aus der Biografiearbeit auf, die immer wieder verwandt werden. Sie bedürfen der Erklärung, sind die Begriffe des Autors und dennoch offen für die Bedeutungszuschreibungen der Leser und Leserinnen.

Weil dies ein Praxisbuch ist, wird auf eine wissenschaftliche Klärung der Begriffe verzichtet. Ermuntert wird dazu, das je eigene Verständnis wahrzunehmen. So sollen die Lesenden scheinbar Selbstverständliches befragen und vielleicht einen geänderten oder neuen Zugriff auf Ansätze, Methoden und Erklärungen gewinnen.

Dafür werden in diesem Glossar Anregungen gegeben. Die Definitionen, Zitate oder Ausführungen sind offen angelegt, fordern manchmal Widerspruch oder Ergänzung. Sie wollen vor allen Dingen deutlich machen: Das Denken hört mit dem Lesen nicht auf.

Das Glossar ist alphabetisch mit dem Wagnis der Unvollständigkeit angelegt. Wurden Quellen verwandt, sind die bibliografischen Daten im Literaturverzeichnis angegeben.

Ahnen: Ahnen ist die mittlerweile etwas altertümliche Bezeichnung für alle in der Generationenfolge stehenden Menschen, von denen der Einzelne in direkter Linie abstammt. Im übertragenen Sinne wird »Ahnen« auch für alle Vorfahren benutzt. Es sind die Menschen, die einem »ähnlich« sind. Die Schicksalsanalyse innerhalb der Psychotherapie geht davon aus, dass uns mehr als eigene Geschichte und Genetik prägt. Menschen leben z.B. auch das familiär Unbewusste, »Aufträge«, die von Generation zu Generation weitergegeben wurden.
Erinnerungsarbeit bezieht sich deshalb oft nicht nur auf das eigene Erleben, sondern auf das Erforschen der Vorfahren, Familiengeschichte oder Sozialgeschichte. Dadurch wird bejahend zur Kenntnis genommen, dass wir nicht nur zeitweilig existent sind, sondern dass es Formen der Vorherbestimmung und des Nachlebens gibt.

Altern: »Altwerden bezeichnet also nicht nur eine wünschenswerte Zeitstrecke, auf der möglichst viel erlebt worden ist, möglichst viel in seinem Ausgang erfahren werden kann. Altwerden kann auch ein Wunschbild dem Zustand nach bezeichnen: das Wunschbild Überblick, gegebenenfalls Ernte.« (E. Bloch)

Altersleistung: Das gesellschaftliche Bild vom Alter ist geprägt vom ständigen Abfall der kreativen und intellektuellen Leistung. Die Altersforschung ist mittlerweile zu anderen Erkenntnissen gekommen. Die sprachliche Entwicklung ist erst im Alter von 50 Jahren auf dem Höhepunkt, andere intellektuelle Leistungen bleiben gleich oder verlangsamen sich lediglich. Bekannte Künstler unterstreichen diese Erkenntnisse mit Alterswerken: Fontane schrieb mit 79 seinen »Stechlin«, Toscanini leitete im gleichen Alter noch Vorstellungen der Mailänder Scala, Kokoschka war 88 Jahre, als er das Mosaik »Ecce Homines« in der Hamburger Nikolai-Kirche gestaltete.

Amnesie: Amnesie ist eine zeitlich begrenzte Erinnerungslücke aufgrund einer Bewusstseinsstörung, die häufig durch einen (Kopf)unfall oder ein Schockerlebnis ausgelöst wird.

Assoziationen: Assoziieren heißt entlehnt aus dem Französischen verbinden oder vereinigen. War das Wort ursprünglich ein Terminus der Kaufmannssprache (im Sinne von Gesellschafter), tauchte es später im sozialen Leben (Arbeiterassoziationen) auf und erhielt in der Psychologie die Bedeutung von »Gedanken und Bilder miteinander verbinden«. Erinnerung braucht Assoziationsleistungen. Assoziationen haben die Funktion von Signalen, die, einmal entdeckt und wahrgenommen, abgesunkene Gedächtnisinhalte »hervorlocken« können. Nahezu alle Erinnerungsfunktionen des Menschen unterliegen einer einfachen Struktur: Eine Assoziation öffnet »Schubladen« voller neuer Assoziationen und erschließt so die im passiven Gedächtnis abgesunkenen Informationen. Zufällige und freie Assoziationen greifen stets bewusst oder unbewusst auf frühere Erfahrungen zurück. Sie bilden »Netzwerke der Erinnerung«. Viele Methoden der Biografiearbeit arbeiten mit bewusst gesetzten Assoziationsmaterialien.

Autobiografische Erinnerung: Es ist strittig, ob ältere Menschen sich ihrer Biografie schlechter erinnern als jüngere. Manche Erfahrungen werden von Älteren wegen geringer Bedeutung schneller vergessen. Es ist einfach keine »Speicherkapazität« dafür mehr frei. Oder: Schmerzhafte Erfahrungen werden tabuisiert und sinken ab ins passive Gedächtnis. Die lange Lebenszeit versperrt die Zugänge zu den Erinnerungsankern. Die Lebhaftigkeit der Erinnerung hängt davon ab, ob in der Zwischenzeit die gespeicherten Informationen »neubedacht« und dadurch aktiviert wurden. Erinnerungen verblassen, weil man mit zunehmendem Alter Lebenserfahrungen »gewichtet« und Bedeutungen »verschiebt«: Sie stehen in Konkurrenz zu anderen Lebensereignissen. Andererseits: Ältere Menschen erfahren zuweilen den Kontrast von ereignisloser Gegenwart und ereignisreicher Vergangenheit. Weit zurückliegende Erlebnisse werden zurückgeholt und im Gedächtnis erneut durchgespielt. Das »Theater im Kopf« wird zur einzigen Vorstellung des Lebens. Daraus mag sich zuweilen der Eindruck besserer biografischer Erinnerung entwickelt haben.

Bedeutung: Biografiearbeit ist nahezu immer ein Arbeiten mit und an den Bedeutungen. Wie werden Erfahrungen verstanden und gewertet? Wie werden sie eingeordnet? Welchen Klang haben Worte, welche Signalfunktion? Bedeutungen werden individuell gesetzt und hängen mit individuellen Lebenserfahrungen zusammen. Das Wort »Krieg« löst in einem Siebzigjährigen anderes aus als in einem Zwanzigjährigen. Ist dafür kein Bewusstsein vorhanden, misslingt das Gespräch. Biografiearbeit ist auch das Bemühen um Fremdheit: So zuhören, als müsse man die Worte und Bedeutungen neu verstehen. »Wahrscheinlich lebt jeder in seiner eigenen, konstruierten Welt und nimmt an, dass die auch der Welt des anderen entspricht. Aber das ist letztlich nur eine Annahme.« (J.R. Schwarz)

Bewusstsein und Gedächtnis: »Bewußtsein und Gedächtnis hängen offensichtlich eng zusammen. Vergäße man jeden Augenblick alles wieder, so könnte man zwar leben und agieren. Aber wenn man eines Tages aus diesem anormalen Zustand ›erwachte‹ und wieder über ein normales Erinnerungsvermögen verfügen würde, so erschiene die ganze gedächtnislose Zeit wie eine Zeit der völligen Bewußtlosigkeit. Im Zustand der Gedächtnislosigkeit scheint die Zeit stillzustehen. Die Gegenwart ist die einzige Wirklichkeit. Sie ist allein im Recht und bestimmt alles. Es gibt keine Ursachen und keine Folgen. Es gibt auch keine Kritik. Kritik kann sich nur mit Hilfe des Gedächtnisses entfalten. Die Kritik zielt auf die Mängel des Bestehenden, also des Gegenwärtigen. Aber sie leitet sich von der Frage ab, wie das Gegenwärtige entstanden ist und wohin es führen wird. Kritik setzt zeitlichen

Überblick voraus, also Gedächtnis. Wer die Kritik fürchtet, fürchtet also auch das Gedächtnis.« (R. Havemann)

Biografie: Dieser Begriff war früher reserviert für die veröffentlichte Beschreibung von Lebenswegen berühmter Persönlichkeiten und hat sich in jüngerer Zeit als Vokabel für Lebensweg oder Lebenslauf eingebürgert. Im engen Wortsinne (wörtlich übersetzt heißt Biografie »Lebensbeschreibung«) ist das falsch. Biografien sind immer Fragmente, selbst dann, wenn sie den Anspruch haben, ein ganzes Leben zu umreißen. Immer wird eine bestimmte Perspektive gewählt, werden Lebensschwerpunkte herausgearbeitet, kann die Vielfalt von Lebensvollzügen nicht in einzelnen Beschreibungen festgehalten werden. Sie sind Annahmen über eine Realität, die vorüber ist. Auch die beste Beschreibung bleibt eine Re-Konstruktion, d.h. es handelt sich bestenfalls um Näherung an die historische Wirklichkeit. Allein durch die Methodik der Beschreibung entstehen erste »Verfälschungen«. Durch notwendige Wertungen ergeben sich weitere.
Dies gilt für Autobiografien verstärkt. In der Rückschau unterliegt man der Versuchung, das eigene Leben zu glätten, logische Entwicklungslinien zu finden oder Irritierendes, Peinliches zu schönen. So können Spannungen zwischen Realität und erwünschter Realität entstehen. Es gehört zu den gelingenden Momenten der Biografiearbeit, wenn diese Spannung in den Blick genommen werden kann, wenn sich aus zwei Wirklichkeiten eine dritte erhebt, die dennoch weiter subjektiv bleibt. Menschen, die mit Methoden der Biografiearbeit umgehen, müssen um die möglichen Spannungen wissen und sie behutsam der Wahrnehmung öffnen. Das geglättete, geschönte Leben ist uninteressanter als das gefurchte und gezeichnete.

Biografiearbeit: Biografiearbeit ist der Versuch, Mensch-Sein als Körper, Geist und Seele in den individuellen, gesellschaftlichen und tiefenpsychologischen Dimensionen wahrzunehmen. In der Rückschau auf das eigene Leben geschieht Einbettung in das gesellschaftliche Leben. In der Schau auf das gesellschaftliche Leben wächst Verständnis für das Eigene. Biografiearbeit ermöglicht, sich sinnhaft als Bestandteil eines Kontinuums zu definieren. Es ist banal: Lebensgeschichte und damit auch Biografiearbeit endet nicht im Alter, endet nicht mit der Beschließung bestimmter Lebensabschnitte. Auch Altern ist ein kontinuierlicher Prozess, der mit Wachstum bis zum Tod verbunden sein kann. Biografiearbeit ist mehr Prozess als Produkt.

Biografiearbeit, strukturiert: Strukturierte Biografiearbeit ist angeleitete Erinnerungsarbeit und wird in Bildungsseminaren, Begegnungsarbeit (z.B. Seniorentreffpunkte, Erzählcafés) oder Therapie geleistet. Methodisch werden Anregungen gegeben, die Reflexionen ermöglichen und die Erinnerungen (er)lebbar werden lassen bzw. Integration ermöglichen. Dieser Ansatz der Biografiearbeit nutzt die Erinnerung auch für bestimmte Ziele, z.B. zeitgeschichtliche Projekte.

Biografiearbeit, unstrukturiert: Erinnerungen treten täglich, spontan auf. Sie sind situationsabhängig und weitgehend des kontrollierten Zugriffs entzogen. Leben ist immer Umgang an, in und mit der Biografie. In Gesprächen tauchen Erinnerungen auf, ebenso in Träumen, im Alltag, als flüchtige Gedankenfetzen. Sie flotieren frei und machen deutlich, dass jeder Vergangenheit, Gegenwart und Zukunft ist. Unstrukturierte Erinnerungen müssen erst dann strukturiert werden, wenn sie zu Belastungen werden oder der Umgang mit ihnen belastend wirkt.

Biografiearbeit, wiederkehrend: Aufgrund psychodynamischer Konstellationen tauchen Erinnerungen oft wiederholend auf: Unerledigte Situationen, Schuldgefühle, unbetrauerte Verlusterfahrungen müssen wiederkehren, stehen unter dem Zwang der Vergegenwärtigung, sind offen und drängen nach Schließung. Der Erinnernde weiß darum, ist aber meistens gefangen im Wiederholen, im Vergegenwärtigen des immer Gleichen. Es entstehen Wahrnehmungsspiralen, die verhärten lassen statt zu klären. Perspektivenwechsel müssen angeregt oder angeleitet werden. Manche Manifestationen bedürfen dann der therapeutischen oder beratenden Begleitung.

Biografie und Gesellschaft: Der Soziologe Ulrich Beck konstatiert den gegenwärtigen Wechsel von der Plan- zur Risikobiografie. Auf dem Hintergrund des Wunsches in den westlichen Ländern der Welt, das »eigene Leben« zu führen, behauptet er u.a.: Der Zwang und die Möglichkeit, ein eigenes Leben zu führen, entstehe in der hochdifferenzierten Gesellschaft. Gleichzeitig bestreitet Beck, dass aufgrund komplexer Formen der Vergesellschaftung diese Möglichkeit real existiere. Das Leben sei durch und durch institutionenabhängig, gleichzeitig müsse man aber, im Gegensatz zu traditionellen Gesellschaften, nahezu immer neu entscheiden. Die Normalbiografie würde zur Wahl-, zur »Bastel«-, zur Risikobiografie. Der Mensch sei zur Aktivität »verdammt« und vom tendenziellen Scheitern seiner Biografie bedroht. Die Folge ist, dass das »eigene Leben« überwiegend durch ständige Differenzierung und Individualisierung, selten aber durch konstante und verbindliche Traditionalisierung entsteht.

Biografische Literatur: »Keine andere Buch- und Lesekultur des Westens hat so entschlossen wie die englische die Biographie zur literarischen und historischen Königsgattung erhoben. Nicht nur in quantitativer Hinsicht: England oder vielmehr die englischsprechende Welt produziert und konsumiert Biographien en masse, aber sie hat in dieser Form auch neue Standards gesetzt. In keiner anderen Sprache liest man so interessante Bücher über so uninteressante Leute. Freilich hören die Leute auf der Stelle auf, uninteressant zu sein, wenn sie zum Gegenstand einer interessanten Biographie werden. Die Kunst und die Schrift erlösen sie von ihrem langweiligen Leben.« (U. Raulff) Raulff spricht vom »biographischen Verlangen« und behauptet, jede Generation suche in den Viten der Berühmten die Muster und die musterhaften Regelverstöße, die sie selbst für exemplarisch hält. Fremdbiografien als Bestätigung vorgefasster Meinungen?

Biografische Methode/Biografieforschung: Die Biografische Methode ist eine Methode der Sozialforschung, mit der Lebensäußerungen und -beschreibungen gesammelt bzw. untersucht werden, um individuelle, soziale oder gesellschaftliche Entwicklungslinien zu (re)konstruieren und subjektive Prozessbeschreibungen und Strukturdeutungen als Gestaltungskraft zu konstatieren. Als Ursprung der Biografischen Methode gelten Forschungen der polnischen Wisssenschaftler Thomas und Znaniecki über die Auswanderungen polnischer Bauern und Bäuerinnen Anfang dieses Jahrhunderts. Sie analysierten Lebensbeschreibungen, Briefe und persönliche Aufzeichnungen der Ausgewanderten, um Erkenntnisse über ihre Eingliederungsprozesse in den USA zu gewinnen. Die moderne Biografieforschung kennt unterschiedliche Ansätze, die nicht trennscharf zu beschreiben sind. Die individuelle Erforschung von Lebensläufen im Kontext so genannter Normalbiografien gehört ebenso dazu wie die Kohortenanalysen, mit denen z.B. quantitativ die Veränderung des Eintritts von Lebensereignissen untersucht werden. »Oral history« als Disziplin der Geschichtswissenschaft ist Erforschung der Rezeption zeitgeschichtlicher Ereignisse von Einzelnen oder Personengruppen.
Im Mittelpunkt der Interessen von Forschungen stehen meistens Fragen, wie sich gesellschaftliche Realität in einzelnen Menschen widerspiegelt, wie biografische Übergänge gelebt werden (»Statuspassagen«-Konzept) oder welche Sinngebungen von Individuen insbesondere in Krisensituation entwickelt werden (Konzept der »Biografischen Selbstthematisierung«).

Biografieforschung und Erwachsenenbildung: »Um zu gewährleisten, daß keine wirklichkeitsfremden Setzungen von erwachsendidaktischen Lern- und Entwicklungsaufgaben stattfinden, bedarf es sozialwissenschaftlicher und pädagogischer Realanalysen. Ohne fundiertes Wissen über die biographische Situierung von Lerninteressen, -gewohnheiten und -barrieren unterschiedlicher Adressatengruppen ist die geforderte ›allgemeine Strukturierung lebenslangen Lernens mit pragmatischem Charakter‹ wohl kaum zu bewerkstelligen. So gesehen hat Biographieforschung die Funktion eines empirischen Pendants zum normativen Prinzip des lebenslangen Lernens.«(D. Nittel)

Denkmal: Denk mal!

Dialekte: Gesualdo Bufalino, der sizilianische Schriftsteller, spricht von »Museen der Schatten«, wenn er in Miniaturen vergangene Lebensformen, Arbeiten und

Sprachen beschreibt. In Dialekten, so analysiert er, »treffen sich die Gegensätze. Je bäuerlicher und schwerfälliger er erscheint, um so musikalischer, beredter und phantasievoller ist er in Wirklichkeit: und diese Art des Ausdrucks ist der hohen Sprache fremd. Kraft seiner erfüllt sich auch die kleinste Begebenheit im Leben der Beziehungen mit pulsierendem Leben, als sei sie von einem wundersamen Kraut ernährt, sie erlangt kraftvolle Fleischlichkeit, wird auf heitere Weise feszennisch (Feszenninen sind derbe bäuerliche Festlieder – d.V.) und mythologisch.«

Entinnern: Erinnerung hat auch die Funktion, vergessen zu können. Viele Menschen haben so viel Schreckliches und Bedrückendes in ihrem Leben erlebt, dass es ins passive Gedächtnis absinken darf, soll oder muss. Wenn dies kein Verdrängen, sondern ein abgearbeitetes Vergessen ist, könnte man auch von »entinnern« (H. Jenrich) sprechen; ein schönes, sprechendes Kunstwort.

Erinnerung: Erinnerung ist das unwillkürliche oder willentlich herbeigeführte Wiederauftauchen von Fakten, Bildern und Gefühlen, die dem ursprünglichen Erleben ähnlich sind oder ähnlich scheinen. Erinnern geschieht individuell und kollektiv.
Jean Paul hält die Erinnerung für das einzige Paradies, aus dem wir nicht vertrieben werden können, Remarque spricht davon, dass wir erst durch die Erinnerung alt würden und Jerzy Lec meint, man könne vor der Wirklichkeit die Augen verschließen, nicht aber vor der Erinnerung.

Erinnerung, kollektiv: Kollektive Erinnerung hat oft rituellen Charakter, ist das gemeinsame Bekräftigen dessen, was gewusst oder wieder gewusst wird bzw. werden soll. Kollektive Erinnerung ist Erfahrungsschatz von Gesellschaften, identitätsstiftend und verbindend. »Was der Mensch nicht mehr erinnert, muß er im Leben wiederholen.« (C.Wolf)

Erinnerung, religiös: Erinnerung ist, so Fulbert Steffensky, ein Grundwort der jüdisch-christlichen Tradition. Er berichtet von einer alten Legende, in dem der Engel der Tränen alles Weinen der Menschen in einem Kelch sammele und vor Gott bringe. »Ich kann mir (...) keine Humanität vorstellen, die nicht Gedächtnis ist. Unsere Visionen von einem besseren und gerechteren Leben bilden sich aus der Erinnerung der Leiden.«

Erinnerungsraum: Verfügt unsere Gesellschaft noch über genügend Räume im tatsächlichen und übertragenen Sinne, in denen erinnert werden kann und darf? Die technischen und praktischen Möglichkeiten des Archivierens werden immer umfangreicher, das gelebte Sammeln von Lebenswissen scheint zu verkümmern. Die Gründe sind vielfältig. Die Mehrgenerationenfamilie ist nahezu verfallen. Damit einher ist die Isolierung alter Menschen gegangen: Sie nehmen an den intimen familiären Kommunikationsformen nicht mehr oder nur noch am Rande teil. Erinnern aber braucht Zeit und Räume: Der Kaffeebesuch im Altenheim ist das nicht. Auch andere gesellschaftliche Formen im religiösen Bereich, in Vereinen, in Nachbarschaften haben ihre Bedeutung weitgehend verloren. Biografiearbeit, die sich an die Öffentlichkeit richtet, will Räume öffnen. Sie kann den Wandel nicht aufhalten, nicht einmal verloren Gegangenes ersetzen. Sie reagiert mit ihren Möglichkeiten auf Gesellschaft. Zeit-Räume als Erinnerungs-Räume werden wie Reservate in einer sich überschlagenden Gesellschaft zur Verfügung gestellt.

Exploration: Biografiearbeit kann zu einer besonders geschickten Form des Aushorchens pervertieren. Arbeit an und mit Biografien wird auch wissenschaftlich betrieben, um ausgehend von Einzelschicksalen Rückschlüsse auf gesellschaftliche Entwicklungen machen zu können. Wenn Biografiearbeit wissenschaftlich wird, so werden die Menschen benutzt. Dies ist nicht verwerflich, muss aber von den Explorateuren kenntlich gemacht werden.Wenn sie dies nicht tun, so wird in asymmetrischer Kommunikation der Explorierte als »Datenfriedhof« der Wissenschaft missbraucht. Insbesondere in Situationen, in denen Menschen sich sprachlich nicht mehr mitteilen können, steigt die Versuchung, aufgrund bekannter biografischer Daten Rückschlüsse auf das Leben des Menschen zu ziehen. Dies ist manchmal notwendig. Dennoch muss man sich der irrenden Begrenztheit solcher Vorgehensweisen bewusst sein. Bilder könnten sich verfestigen, Rückschlüsse zu feststehenden Urteilen werden.
Erst im gelungenen Kontakt, der Begegnung, die eine Wechselbeziehung ist, wächst die Chance des (Er)kennens. Biografiearbeit gelingt in der Regel nicht aus der (wissenschaftlichen) Distanz, sondern nur im Angebot eines lebendigen Gegenübers. Professionelle Helferinnen und Helfer dürfen ihr biografisches Wissen nicht als Machtmittel einsetzen.

Feedback und Sharing: Feedback heißt wörtlich übersetzt »zurückfüttern«. Einem Einzelnen oder einem System wird die so genannte Rückkoppelung angeboten mit dem Ziel der Verständigung. »Ich schildere dir, wie deine Erzählung bei mir angekommen ist.« Feedback in der Biografiearbeit bezieht sich zum einen auf die unmittelbare Kommunikation. Es wird ein Eindruck zurückgespiegelt. Zum anderen wird auf das geschilderte Leben oder die Lebenssequenz eine Rückmeldung gegeben. Indem andere sich als Spiegel zur Verfügung stellen, können neue Sichtweisen erfahren, angenommen oder abgelehnt werden. Der Begriff »sharing« (d.h. teilen) wird oft ähnlich verwandt wie Feedback, meint aber etwas anderes. Beim sharing geht es darum mitzuteilen, welche Anteile des Berichteten ich bei mir erkenne, was ich »teile«. Feedback und sharing setzen Strukturen, beteiligen alle, ohne dass die erste Aufmerksamkeit vom Erinnernden abgezogen wird.

Gedächtnis: Gedächtnis ist die Möglichkeit, Wahrnehmungen über den Zeitpunkt des Erlebens hinaus aufzubewahren. Jedes menschliche Handeln, Denken und Fühlen ist Ausfluss einer Gedächtnisleistung. Alles Tun ist nur möglich, weil wir Erinnerung an Erlebtes und Erfahrenes haben. Auch der Körper ist fleischgewordene Erinnerung. Die Kultur hat ein »kollektives Gedächtnis«. Der Psychoanalytiker C.G. Jung hat von so genannten Archetypen gesprochen: Erinnerungen, die als Muster seit Urzeiten Menschen in ihrem Handeln beeinflussen.
Die Wissenschaft unterscheidet zunächst grob drei Abteilungen: das Wahrnehmungsgedächtnis, das Kurzzeitgedächtnis und das Langzeitgedächtnis. Das Langzeitgedächtnis wiederum wird unterschieden in Wissensgedächtnis (semantisches Gedächtnis) und Erfahrungsgedächtnis (episodisches Gedächtnis).
Im Erfahrungsgedächtnis wird die eigene Lebensgeschichte gespeichert. Viele Erinnerungen sinken ab, bleiben aber verfügbar und können durch entsprechende Erinnerungsimpulse aktiviert werden. Oft wird auch von »Weisheit« des Alters gesprochen: Ältere verfügen über hohe Fähigkeiten, zukunftsträchtige Entscheidungen (»vorausschauendes Gedächtnis«) weise in der Gegenwart abzuwägen. Menschen lernen mit zunehmendem Alter, in Zusammenhängen zu denken und kontern damit die Detailfähigkeit Jüngerer.

Gedächtnisleistung: Die Abnahme der Gesamtkapazität der Gehirnleistung im Alter scheint unerheblich. Verringerungen der Gedächtnisleistungen sind dennoch mit fortschreitendem Alter feststellbar. Das hängt wahrscheinlich mit folgenden Faktoren zusammen:

1. Die Zahl der Nervenzellen nimmt insgesamt ab, wird nur teilweise kompensiert.
2. Die Verbindungsleistungen zwischen Synapsen und Botenträgerstoffen verringern sich. Das Gehirn arbeitet bei annähernd gleicher Kapazität langsamer.
3. Dies wird durch Verhaltensunsicherheiten verstärkt. Die Prophezeiung »Ich vergesse in letzter Zeit so viel« erfüllt sich selbst. Selbsteinrede reduziert die Gedächtnisleistung.
4. Stress beeinflusst insbesondere im Alter die Gedächtnisleistung deutlich. Stressfaktoren, unter denen Alte deutlicher als Junge zu leiden haben (z.B. soziale Kontrolle, Versagenszuschreibungen, Stigmatisierungen), wirken sich aus.

Genogramm: Das Genogramm (der »Stammbaum«) ist eine einfache zweidimensionale Struktur, mit der unterstützt durch einige Symbole (für Geburt, Tod, Heirat) die verwandtschaftlichen Beziehungen innerhalb einer Familie oder einer Familiensippe dargestellt werden.
In Therapie und Bildungsarbeit können so mit einfachen Mitteln familiäre Strukturen erforscht und kenntlich gemacht werden.

Das Genogramm hat vielfach die Funktion eines Erinnerungsrasters, an dem assoziativ oder strukturiert die eigenen familiären Erfahrungen festgemacht werden können.
Genogramme sind nicht allein in die Vergangenheit gerichtet, sondern »ein Gefüge, in dem sich die Achsen von Vergangenheit, Gegenwart und Zukunft schneiden wie in dem Individuum, das das Genogramm zu Papier brachte.« (P. Heinl)

Geschichte: Geschichte unterscheidet sich vom unspezifischen Begriff der Vergangenheit. Geschichte meint, verstanden als Wissenschaft, den zeitlichen Ablauf des die Wirklichkeit ausmachenden Geschehens, unterschieden nach Zeitabschnitten, Regionen, Kulturen o.Ä. Sie ist alles, was der kollektiven Erinnerung von Menschen zugänglich ist oder sein soll. Dies Erinnern wird gebrochen durch die subjektiven Faktoren von Wissensstand und Erfahrung, Klassen- oder Schichtenzugehörigkeit, Zugangsvoraussetzungen und Informationsstände.
Wiederholt sich Geschichte, kann man aus ihr unmittelbar lernen?

Heil: gehört zu den alten geheimnisvollen, manchmal scheinbar angestaubten Worten. Wunden werden geheilt, Spielzeuge »heile« gemacht, Heiler legen Hände auf, Heiligtümer begegnen uns in sakralen Räumen. Helfende Hände sind heilende Hände, der Heiland ist gekommen, um »zu heilen, was verwundet« ist.

Hier und Jetzt: Ausgehend von den Konzepten der humanistischen Psychologie hat das Arbeitsprinzip des »Hier und Jetzt«, d.h. des Tätigwerdens in der unmittelbaren Gegenwart, an den vorfindlichen Symptomen und Äußerungsformen, auch in Bildung und Beratung Raum gegriffen.
Biografisches Arbeiten muss das Prinzip des »Hier und Jetzt« ergänzen durch ein »Dort und Dann«.
Die unbeeinflussbaren Anstöße, die Entwicklungslinien der äußeren Welt wirken mit und gestalten Biografie. Schicksal ist individuell meistens nicht änderbar. Politisch und gesellschaftlich änderbar ist das Umfeld. Das meint »Dort und Dann« als Entwurf des Anderen.

Individuum: Individuum kann mit »Einzelwesen« (als Gegensatz zu »Gesellschaft«) übersetzt werden. Der Begriff entstammt ursprünglich dem Griechischen und kam über das Lateinische ins Deutsche. Es meint das »Unteilbare«, etwas, das nicht weiter aufgeteilt werden darf oder kann, wenn es seine Eigenart nicht verlieren soll.

Intergeneratives Arbeiten: In der Biografiearbeit wird häufig intergenerativ, d.h. generationenübergreifend, gearbeitet, z.B.: Kinder besuchen ein Altenheim, Zeitzeugen werden in Schulen eingeladen.

Krankheit: Krankheit ist die Abwesenheit von Gesundheit. Sie markiert (Lebens-) Krisen. »Gelobt sei die Krankheit, denn die Kranken sind ihrer Seele näher als die Gesunden.« (M. Proust)

Leben, gelungenes: (oder: Leben, leichtes) Einen Platz haben, nicht fremd sein, fremd sein dürfen, in der Sonne sitzen, den Regen genießen, ohne Ziel sein, planen dürfen, Wein trinken ... (Bitte selber weiterschreiben.)

Leben, schweres: Der Sozialwissenschaftler Jan-Philipp Reemtsma, der 1996 entführt worden war, reflektierte diese Zeit in seinem Buch »Im Keller«. Auf den letzten Seiten schreibt er: »So ist das also. So ist das. Der Keller bleibt im Leben und ist doch nicht zu einem Teil des Lebens zu machen. Er bleibt der zerstörerische Einbruch, die Vergewaltigung, die Exterritorialität, die plötzlich wieder dasein kann. Zuweilen gibt es Momente, in denen etwas wie eine Sehnsucht nach der reduzierten Situation darin aufkommt. Wenn das Leben zu schwierig und, verglichen mit den Schwierigkeiten, zuwenig lohnend erscheint, kann es sein, daß der Wunsch entsteht, wieder eine Kette am Fuß zu haben, wieder in einem sehr kleinen Raum zu sein, der so gut bekannt ist wie die ganze Welt nicht. Woher kommt dieser scheußliche Wunsch? Es ist ganz einfach. Im Keller hatten die Gefühle des Nicht-mehr-in-der-Welt-Seins ihren Ort. In der Welt haben sie keinen. Mit diesen Gefühlen bin ich nur im Keller zu Hause gewesen.«
Reemtsma verdichtet hier auf wenigen Zeilen die Erfahrung vieler Menschen auch außerhalb von Extremsituationen.
Biografiearbeit ist die Suche nach Orten, an denen sich leben lässt und an denen die Todessehnsucht verblassen kann.

Lebensbilanz: Je älter der Mensch wird, desto größer scheint der Wunsch zu sein, das eigene Leben zu runden, d.h. einen Sinn in dem zu sehen, was ihm oder ihr geschehen ist. Bilanzarbeit vollzieht sich unterschiedlich. Sie ist spontan oder angeleitet, sie bezieht sich auf Phasen oder auf die gesamte Lebensspanne. Kennzeichnend für den Wunsch der Bilanz ist das Auftreten immer wieder ähnlicher Konstellationen des Erzählens. Die Gedanken und Erinnerungen kreisen um einzelne Erlebnisse oder Menschen, wiederholen sich, brechen und scheinen, so mutet es manchmal an, nicht von der Stelle zu kommen.
Der Mensch »kann in der Auseinandersetzung mit seiner eigenen Geschichte seine Einzigartigkeit und zugleich seine Verbundenheit mit den Menschen seiner Lebenswelt erfahren. Hominisation und Geschichtsbewußtsein, Individuation und Biographie sind aufs engste verbunden. Vielleicht ist dieses tief in unsere Evolutionsgeschichte zurückgreifende Faktum ein Grund für das Phänomen der Lebensbilderschau, wie es aus Extremsituationen wie Absturz, Ertrinken, Anästhesie berichtet wird.« (H. Petzold)

Ohne Gegenüber, das hört und sich einfühlt, gelingt die Lebensbilanz nicht. Der Zuhörende kann in diesem Prozess vieles in sich vereinigen: Spiegel, Kommentator, Beichtvater, Mitleidender, Verbündeter, Rollenträger und in Extremsituation auch stellvertretendes Hassobjekt.
Lebensbilanz heißt abzuschließen, ohne mit dem Ereignis fertig zu sein. Wenn ein Leben voller Schrecken war, so muss dieser Schrecken eine Form finden, die es den Erinnernden gestattet, loszulassen und bilanzierend einen Schlussstrich zu ziehen.

Lebensbilderschau: Beinahesterbende berichten vor allen Dingen von diesem Phänomen. Innerhalb kurzer Zeit läuft das Leben wie ein Film ab und erinnert. Die Gründe für dieses Phänomen sind noch nicht gefunden. Vermutlich sind es Stresssituationen, die den Körper zu Höchstleistungen animieren und alle Reserven des Lebens aktivieren.

Lebensgeschichte: Lebensgeschichte meint die Ereignisse eines individuellen Lebens, die das Denken, Fühlen und Handeln beeinflussen und mitgestalten (T. Schulze). Die Ereignisse sind Teil der eigenen Identität.

Lebenspanorama: Das Lebenspanorama ist der Versuch, bildlich oder schreibend einen Überblick über Lebensspannen herzustellen. Insbesondere in der Bildungsarbeit, auch in einzelnen psychotherapeutischen Disziplinen, gehört das Lebenspanorama zu den etablierten Methoden.

Lebensstrukturierung: »Grundsätzlich versuchen Menschen, in ihrem Leben ein möglichst hohes Maß an Struktur zu erreichen und zu erhalten. Das Beibehalten von Lebensstruktur vermittelt das Empfinden von Sicherheit, Kompetenz und Vorhersagbarkeit.« (A. Stracke-Mertes) Lebensstruktur und Lebenskontinuität vermitteln Lebensorientierung.
Viele Methoden der Biografiearbeit versuchen, Strukturierungen zu nutzen. Sie ordnen das scheinbar Ungeordnete, klären so und erklären. Die damit verbundenen Gefahren liegen auf der Hand: Zu viel Ordnung führt in die Ausgrenzung oder Vermeidung.
Leben vollzieht sich nicht logisch, strukturell vorhersehbar, sondern scheinbar ungeordnet, wild, leidenschaftlich.
Biografiearbeit muss den rechten Rhythmus von Strukturierung und freier Assoziation finden.

Leib: All unsere Beziehungen zu Menschen sind zuerst leiblich. Wir nehmen wahr mit den Augen, den Ohren, den Händen, der Haut. Leib ist nicht allein Körper. »Der Leib besteht aus einer Verschränkung von materieller Realität (Knochen und Haut z.B.) mit einer anderen Qualität von Realität (Gedanken, Gefühl,

Phantasien), die wir transmateriell nennen, das heißt über die Materie hinausgehend, aber auf Materie beruhend. Von Leib sprechen wir bei einem Organismus, der sich selbst erlebt und seine Erlebnisse speichern kann, der also ein Bild, eine innere Repräsentation hat von sich selbst und seiner Welt. Ein Leib ist daher ein wahrnehmender und sich gewahr-seiender, sich erinnernder Organismus.« (D. Rahm u.a.)
Erinnerung ist also immer auch leiblich. Man kann einem Menschen seine Lebensgeschichte ansehen: der gekrümmte Körper, die Sorgenfalten. Man spürt die eigene Geschichte: die Magenschmerzen, die Verspannungen im Kopf.
Gelingende Biografiearbeit wird solche Signale und Indikatoren mitbeachten müssen.
Unsere Zivilisation hat das Lesen der Körpersprache, die eigentlich »Leibsprache« heißen müsste, weitgehend verlernt. Oft stehen wir ahnungs- und erfahrungslos vor den leiblichen Ausdrücken des Lebens und deuten sie einseitig, als sei alles lediglich genetisch bedingt.

Memoiren: »Memoiren heben eher auf historisch denkwürdige oder amüsante Episoden ab als auf die Sinngestalt, die ein Mensch seinem Leben erzählend immer wieder aufs neue abzugewinnen versucht.« (H.P. Siller)

Narration: Der Begriff des Narrativen begegnet im Zusammenhang mit Biografiearbeit häufig (narrative Kompetenz, narratives Talent). »Narrare« (lat.) heißt »erzählen«. Im deutschen Begriff »Narr« taucht es als Lehnwort auf. Narren sind keine Dummköpfe, sondern Menschen, die wahre Geschichten unterhaltsam d.h. in der Regel spaßig erzählen können. Sie erzählen so, dass es Menschen oder Gesellschaften stützt, d.h. »unter-hält«.
»Narrative« nennt man hingegen in einzelnen Schulen der Psychotherapie Erzählmuster, die fixierend focussieren.

1984: In seinem Roman »1984« beschreibt George Orwell die Aufgabe des Wahrheitsministeriums. Dort muss immer die neueste Vergangenheit, die zum Herrschaftssystem passt, »hergestellt« werden. Nicht Bewusstseinsbildung ist die Aufgabe, sondern die Auslöschung eines bestimmten ideologisch nicht erwünschten Bewusstseins.

Person: Mit Person bezeichnet man den Menschen als Träger eines einheitlichen, bewussten Ichs. Das Wort meinte ursprünglich »Charakter« oder »Rolle«, aber auch »Maske« in der Schauspielerei.

Perspektivenwechsel: Jeder Mensch hat einen eigenen Zugriff auf die Wirklichkeit seines Lebens. Er erinnert aus seiner Erinnerung heraus, nutzt Filter, fragt nach dem sozial Erwünschten und nach dem, was ihm gut tut. Blickwinkel entste-

hen, die tote Winkel entstehen lassen. So wird vieles nicht mehr wahrgenommen, weil es nicht mehr gesehen, nacherlebt oder gefühlt wird. Perspektivenwechsel, das Einnehmen neuer Standpunkte, um Blickrichtungen zu ändern, führen nicht nur zu neuen Sichtweisen, sondern auch zu anderem Erleben. Das Wahrnehmungsspektrum hat sich erweitert.
Perspektivisch Schauen heißt im ursprünglichen Sinne »durchschauen« oder auch die »Kunst zu Sehen«. Biografiearbeit trägt dazu bei, Perspektiven zu wechseln. Menschen, die gefangen sind in der eigenen und einzigen Sicht der Dinge, brauchen behutsame Begleitung, Hinweise, Fragen und (manchmal) auch Gegenrede. »Wie hätte mir Ihre Tochter das erzählt?«, »Sie waren damals doch noch sehr jung und haben sicher vieles nicht verstehen können«, »Sie erzählen so sachlich vom Tod Ihres Vaters. Sind Sie nie traurig gewesen?«

Pflege: »Pflegen ist Behutsamkeit, ein In-die-Hand-nehmen und nichts kann zerbrechen und fallen. Gepflegt werden ist sich überlassen, sich ergreifen lassen mit allen Strebungen und Zerbrechlichkeiten und wissen, daß man in keinen Abgrund stürzt. Pflege bedeutet gemeint sein, gekannt sein, erfaßt mit allem, was man ist und was man braucht. Es ist eine Intimität, die nicht mehr überboten wird. Es entsteht Zwischenleiblichkeit von Fleisch zu Fleisch in der Pflege des Säuglings, in der Pflege der Kranken, in der Pflege der Sterbenden. Pflege, das ist Wohlsein, etwas Heiles herstellen, selbst da, wo Pein, Verzweiflung, Zerstörung und Unheil anwesend sind. Es entsteht im Geben und Nehmen, wobei das Empfangen kein Erleiden, kein passives Hinnehmen, sondern aktiver Akt ist. In der Pflege ereignen sich Momente des Überdauerns, ist Anwesenheit da, wo die Schatten des Verschwindens drohen.
Pflege ist keine Verrichtung, keine Manipulation, keine Technik. Sie erfordert das Hineinnehmen eines Menschen in einen Innenraum, in die Geborgenheit des Schosses und des Herzens, die nicht zerbrochen werden kann. In der Pflege verbinden sich Kenntnisse und Erfahrungen, die Kunst der Hände mit der Kunst der Herzen. In diesem Raum, in dieser Zeit, die nicht begrenzt ist, sondern Dauer hat, haben Menschen füreinander Bedeutung, das heißt, sie werden wirklich.
Wir haben die Kunst des Pflegens verlernt, diesen behutsamen, innigen Umgang, der zum Menschlichsten am Menschen gehört. Die Pflege war keine Kunst von Spezialisten, weisen Männern und Frauen, wie dies seit alters her für die Heilkunst gilt. Die Kunst der Pflege war eine Allgemeinkunst, wie das Brotbacken oder das Feuermachen, und wie diese Kunstfertigkeiten ist sie in die Hände von Spezialisten geraten, die wiederum im Sog der Technik verschwinden. Die Kunst der Pflege ist zur Pflegetechnik degeneriert.« (H. Petzold)

Ritual: Wir können nicht immer wieder alles neu schöpfen. Deswegen ritualisieren wir Erfahrungsäußerungen und Handlungen: Begrüßung, Tischsitten, Feiern. Rituale sind Zeichen verdichteten Lebenswissens. Handschlag oder Wangenkuss

vermögen mehr zu vermitteln als langatmige Beziehungsbeschreibungen. Gleichzeitig können sie in formel- oder floskelhafte Erstarrung führen.
Biografiearbeit braucht den Blick auf das Rituelle, um die Verdichtungen des Lebens zu erspüren und das Verhärtete, das Ritualen wie eine dunkle zweite Seite innewohnt, zu lockern.
Krisenzeiten, zum Beispiel die Pubertät, sind auch dadurch gekennzeichnet, dass Rituale bekämpft und aufgehoben, später dann verändert oder neu gedeutet werden können.

Rückwärts leben: »Wenn man rückwärts lebt, sagte Nurmi, lebt man gegen die Zeit, und man weiß von vornherein, daß man verloren ist ... Er wisse auf die Minute genau, wie lange er noch zu leben habe, 51 Jahre und 114 Tage nämlich, viel Zeit zwar, aber wie füllt man sie aus? Der Tod fällt weg, den hat man hinter sich, und insofern sei es nicht sicher, an irgend etwas zu glauben: man muß auf den Glauben verzichten. Der Lebenslauf steht fest, auf die Minute terminiert, alles ist erst zu Ende, wenn man letztendlich in den Mutterleib hineingeschoben wird, immer winziger wird, sich auflöst und verschwindet ... Und dann die Angst. Die Angst, jung werden zu müssen; eine Mutter vorzufinden, die einen nicht mag, die man selber nicht leiden kann, die einen schlecht behandelt; nichts ändern zu können; nicht zu wissen, was vor dem Tod passiert ist; nicht die Möglichkeit zu haben, den Freitod zu wählen; leben müssen mit der Endstation, ein Kind zu sein; alles zu wissen, um alles zu verlernen.« (W. Koch)

Sinn: Sinn ist die Zuschreibung, die etwas wertvoll, anstrebenswert macht. Biografiearbeit beschäftigt sich mit dem Sinn des Lebens.
Die Frage nach diesem Sinn wird lebenspraktisch, wenn, was wertvoll schien, unerfüllt blieb. Sie ist nahezu immer die Frage nach der Berechtigung eigener Existenz: Nehme ich mich so an, wie ich gelebt habe, ist mein Leben von anderen angenommen worden? Geborgene Menschen stellen die »Sinnfrage« selten.

Sterben: Das Sterben ist die Brücke zwischen zwei Welten, einer bekannten und einer unerkannten.
»Der Tod ist nichts Schreckliches. Man fällt ins Träumen und die Welt verschwindet, wenn es gut geht.« Der Soziologe Norbert Elias redet wie alle Menschen über den Tod und weiß dennoch nichts über ihn.
Wir hören vom Sterben, den manchmal leichten und oft qualvollen Prozessen, die zum Tode führen. »Schrecklich können die Schmerzen der Sterbenden sein und der Verlust der Lebenden, wenn ein geliebter oder befreundeter Mensch stirbt. Schrecklich sind oft die kollektiven und individuellen Phantasien, die den Tod umgeben. Sie zu entgiften, ihnen die einfache Realität des endlichen Lebens gegenüberzustellen ist eine Aufgabe, die noch vor uns liegt.«

Subjekt der Geschichte: Geschichtswissenschaft hat den einzelnen machtlosen Menschen lange nicht wahrgenommen. Geschichte war politische Geschichte und die Menschen waren deren Objekte.
Erst in jüngerer Zeit rückt der Einzelne als handelndes Subjekt in den Blickwinkel. Von ihm geht die Gestaltung der Gesellschaft aus, in Handlung und Widerhandlung entwickeln sich neue Formationen. Ernst Bloch beendet sein »Prinzip Hoffnung« so: »Die Wurzel der Geschichte ist der arbeitende, schaffende die Gegebenheiten umbildende und wiederholende Mensch. Hat er sich erfaßt und das Seine ohne Entäußerung und Entfremdung in realer Demokratie begründet, so entsteht in der Welt etwas, das allen in die Kindheit scheint und worin noch niemand war: Heimat.«

Tod: Der Tod zeigt uns die Endlichkeit unserer Biografie. Solange wir leben, leben wir mit dem Tod. Alle Kunst des Verdrängens, des Mystifizierens, alle Kunst der ewigen Jugend lässt ihn uns nicht vergessen. Norbert Elias ist deutlich: »Der Tod verbirgt kein Geheimnis. Er öffnet keine Tür. Er ist das Ende eines Menschen. Was von ihm überlebt, ist das, was er anderen Menschen gegeben hat, was in ihrer Erinnerung bleibt.« Was aber ist mit dem Gestalteten, Kommunizierten, Geprägten? Jeder Mensch hat Spuren hinterlassen, die weit über Erinnerung hinausgehen. Und das, was über den Tod hinausweist, bleibt unerfahren. Nein, der Tod schließt nicht ab, er hinterlässt uns und später die anderen mit vielen Fragen.
Biografiearbeit hat mit der Frage nach der Endlichkeit unserer Existenz zu tun. Der Tod als latentes Thema trägt dazu bei, lebensbewusst zu sein. Wie eine Drohung liegt er unter vielen Themen des Biografischen Arbeitens und stützt die Ernsthaftigkeit des Denkens.

Trauern: Seitdem einfache, existentiell notwendige Lebensvollzüge immer mehr den Spezialisten überantwortet werden und so Alltagsleben teilig gelebt wird, reagiert auch die Sprache. Wir beziehen uns nicht mehr aufeinander, sondern machen »Beziehungsarbeit«, wir kommunizieren statt zu begegnen, wir leisten »Trauerarbeit« statt zu trauern. So scheint es: Je mehr wir über uns wissen, desto weniger leben wir das Ge- oder Bewusste. Der Markt der Trauerliteratur ist seit den 80er Jahren unüberschaubar geworden
Alexander und Margarete Mitscherlich haben schon 1967 von der »Unfähigkeit zu trauern« geschrieben und sich damit auf die blutige deutsche Vergangenheit bezogen. Ihre Diagnose gilt, so M. Mitscherlich, weiter und verknüpft individuelle mit gesellschaftlicher Trauerarbeit: »Trauerarbeit setzt eine besondere Art von Erinnerungsarbeit voraus. Dabei geht es weniger um Erinnerung von Fakten und Inhalten, als vielmehr um die Erinnnerung von Verhaltensweisen, Wertvorstellungen, Gefühlen und Phantasien. Um Verluste, nicht nur von Menschen, sondern auch von Idealen und narzißtischer Selbstliebe, die mit der Konfrontation von Schuld und Scham, von Niederlagen und Enttäuschungen verbunden ist, hinzu-

nehmen und bewältigen zu können, bedarf es einer präventiven Erziehung. Damit ist eine Erziehung gemeint, die zur Trauer fähig macht, die also Kinder nicht auf Erfolg und Durchhalten, Schmerz und Gefühlsunterdrückung, Anpassung und Gehorsam, Schuldabweisung und Sündenbocksuche, nicht auf ›Herrschaftsdenken und Untertanengeist‹ dressiert.«
Die Psychoanalytikerin betont das innere Gespräch mit den Toten. Sie »antworten nicht mehr, und dennoch führen wir noch lange nach dem Tode mit uns nahestehenden Menschen innere Gespräche. Antworten die Toten uns also doch? Hängt es von uns und unserer intensiven Zuwendung, unserer oft verzweifelten Sehnsucht nach Gegenwart der Verstorbenen ab, ob eine Form des Dialogs bestehen bleibt oder nicht? Können diese einseitigen Gespräche eine Linderung von Gefühlen der Verlassenheit und des Ausgeliefertseins erreichen?« Ja.

Validition: Naomi Feil hat in der Arbeit mit sehr alten und verwirrten Menschen das Prinzip der »Validition« entwickelt.
Menschen sollen wertgeschätzt werden, ihre Weisheit und ihre Gefühle anerkannt und bestätigt werden. Sie setzt das »Verarbeiten« gegen das »Vegetieren« und baut darauf, dass sich jeder mit seiner Geschichte auseinander setzen kann, dass es möglich ist, trotz sozialer und organischer Verluste, Kontakt zur Realität zu halten bzw. alte Gefühle zu verarbeiten.
Sie wendet sich mit der Validition gegen eine zu starke Realitätsorientierung, wie sie in der Pflegearbeit die Regel ist.
Beispiel: Frau Sch. bekommt Besuch von ihrem Mann und erkennt ihn nicht. Ihr Mann sei jung, schön und habe volles Haar. Realitätsorientierend würde man Frau Sch. viele Anregungen geben, damit sie ihren Mann erkennen kann. Validition hingegen bedeutet, sie anzuregen, von ihrem Mann zu erzählen und so den Teil ihrer Ehe aufleben zu lassen, der ihr zugänglich ist. Am Ende könnte die Näherung an ihren »jetzigen« Mann stehen.
In der Validition wird vermieden, alten Menschen in Krisen zu widersprechen, sie zu verbessern oder »mit der Wahrheit« zu konfrontieren. Man »glaubt« den Menschen und bezieht sich auch auf wahnhafte Äußerungen.
Feil setzt in der Arbeit mit alten, verwirrten Menschen ein Grundprinzip sozialer Arbeit ein: Dort arbeiten und leben, wo die Betroffenen stehen, was sie äußern und tun. Sie versucht, sich auf die subjektive Realität zu beziehen und ihnen das »Recht auf die eigene Verwirrung« zu lassen.
Biografiearbeit sollte nicht besserwisserisch sein. Wenn Menschen scheinbar Falsches sagen (»Das kann so nicht gewesen sein ...«), wird es dennoch einen Kern ihrer Aussage geben, der ernst zu nehmen ist. Die kleinen offenbaren Unrichtigkeiten kann man getrost ignorieren.

Vergangenheit: Das, was man ist, hat man vergangen getan oder wurde einem getan. Das Vergangene ist gegenwärtig.

Vergegenwärtigung: Vergegenwärtigung ist der gedankliche Akt, Vorgestelltes, Erinnertes, Beabsichtigtes dem Bereich des Vergessens (z.B. im Langzeitgedächtnis) zu entheben.
Die versunkenen Teile der Biografie werden belebt, wahrgenommen und damit aktueller Bestandteil des Bewusstseins.

Vergessen: Vergessen ist die Abnahme der Fähigkeit, gelernte Gedächtnisinhalte zu reproduzieren bzw. zu erinnern.

Verlust: Lebensgeschichte ist eine Geschichte von Verschmelzung und Trennung, von Gewinn und Verlust. Schon der Eintritt ins Leben ist mit einem existentiellen Verlust verbunden: Die Geburt ist der Austritt aus der Geborgenheit in die Unsicherheit. Verlustthemen begleiten den Menschen bis zu seinem Tod.
Jeder Verlust ist ein kleiner Tod. Die großen Themen des Lebens sind die der Trennung (und der wieder gewonnenen Liebe als Verschmelzung).
Abzugeben, zu verlieren, das ist in unserem Kulturkreis negativ besetzt. Erfolgreich sind die Gewinner. Alte Menschen haben viele Verluste erlitten und werden nahezu täglich mit weiteren konfrontiert (Menschen, eigene Fähigkeiten). Für viele scheint nur der Rückzug zu bleiben, um die Trennungen aushalten zu können.
N. Feil interpretiert die Altersverwirrtheit auch als Reaktion auf die vielen Verluste im Leben.

Vertraulichkeit: Leben ist voller Intimität in unterschiedlichen Dimensionen und Intensitäten. Biografiearbeiter müssen Vertraulichkeit gewähren. Das, was sie erfahren, erfahren sie in einer Beziehung, die unter vereinbarten Vorzeichen steht: Therapie braucht Vertraulichkeit, ebenso Pflege oder Begegnung. Wie weit diese zu gehen hat, muss besprochen sein. Vertraulichkeit festzulegen ist nie einseitiger Akt. Das Leben ist kein anekdotisches Kommunikationsmaterial, das beliebig ausgebeutet werden darf. Beziehung gelingt in der Verlässlichkeit.

Verwandtschaft: »Ich verabscheue meine Verwandtschaft. Das kommt vermutlich daher, daß unsereins es nicht ausstehen kann, wenn andere Leute dieselben Fehler haben wie wir.« (O. Wilde)

Wahnsinn: Verwirrte Menschen entwickeln vielfach Wahnvorstellungen, die oft abstrus, unlogisch erscheinen und dennoch einen »vernünftigen« Sitz im Leben haben. Der Wahnsinnige ist durch die Umstände seiner Existenz förmlich zu Umdeutungen gezwungen worden, damit er lebensfähig bleiben konnte. Wahn ist immer auch der Versuch, Leben individuell Sinn zu geben, weil alle anderen sinnvollen Zugänge zur eigenen Biografie verschüttet scheinen.

Es gehört zum Charakter der Wahnvorstellung, dass sich der Betroffene von seinem Irrtum nicht überzeugen lassen kann. Er hält, weil sie ja richtig und wichtig sind, an seinen Überzeugungen fest. Wer dagegen ankämpft, z.B. als Pflegender, steht automatisch auf der »falschen Seite« und kann als Partner nicht mehr akzeptiert werden. Der Wahnsinnige stößt ihn zurück und bleibt unerreichbar allein.
Biografiearbeit in der Pflege bedeutet, den Kontakt zu sichern und zu wahren, in der Beziehung bleiben und Verständnis auch für die »schrägen« Lebensäußerungen zu suchen.
Wahnsinnige sind Lehrmeister. Sie zeigen die Welt hinter der Welt, die sich auftut, wenn unser Verstehen nicht mehr funktioniert.
Sie warnen vor dem Scheitern von Kommunikation.

Wahrnehmung: Wahrnehmung ist mehr als Erkennen und Wissen. Es bezeichnet den Akt der Vergegenwärtigung im Bewusstsein, die aktive Annahme der Kenntnis und Auseinandersetzung mit dem Gewussten.

Zeit: »Zwar lebt der Mensch in der Gegenwart. Aber er steht mit gespreizten Beinen über der Kluft, welche die Vergangenheit von der Zukunft trennt. Wir können nicht erwarten, ihn völlig in Begriffen der Vergangenheit oder ganz in Begriffen der Zukunft zu erfassen. Wir können ihn psychologisch nur als Glied zwischen den beiden erfassen.« (G. Kelly)
In der christlichen Theologie wird nach der gewöhnlichen Zeit (»chronos«) und der richtigen »erfüllten« Zeit Gottes (»kairos«) unterschieden.
Die Lebenszeit des Menschen kann in Jahren, Monaten, Sekunden aufgeteilt werden. Sie kann auch mit dem biologischen Verfall, der »Abnutzung« des Körpers beschrieben werden.
Subjektiv aber wird die Zeit an Erfülltem oder Unerfülltem gemessen.
Viele Sechzigjährige erleben sich deshalb nicht als Alte, weil das Leben noch so viel verspricht.

Zeitzeugen: Menschen haben Geschichte erlebt, erzählt, aufgeschrieben, fotografiert. Zum Zeitzeugen wird man dadurch, dass das Zeugnis erfragt wird und erwünscht ist. Der Schriftsteller Walter Kempowski ist ein Sammler und Archivar von Zeitzeugenberichten: »Ich fange die Stimmen der verstorbenen Zeugen ein, horte sie, ordne sie und rette sie für die Nachwelt, für das kollektive Erinnern. Ich habe ein starkes Gerechtigkeitsgefühl den Toten gegenüber. Ich will, daß den Toten in unseren Erinnerungen Gerechtigkeit widerfährt, daß ihre Botschaften weder in Vergessenheit geraten noch verfälscht werden.«

Literaturverzeichnis und Hinweise auf weiterführende Materialien

Auf Literaturangaben in den Texten wurde zugunsten der Lesbarkeit verzichtet. Wenn empfehlend auf Publikationen hingewiesen wurde, sind die bibliografischen Daten in diesem Verzeichnis zu finden. Soweit recherchierbar, sind Quellen einzelner Methoden genannt. Praxisorientierte Materialien und weiterführende Methodensammlungen sind mit einem * gekennzeichnet.

Albertz, H.: Am Ende des Weges. München 1989.

Ausländer, R.: Einst war ich Scheherezade. Gesammelte Gedichte. Frankfurt a.M. 1988.

* Batz, M.: Theater zwischen Tür und Angel. Handbuch für Freies Theater. Reinbek 1983.

Beck, U.: Eigenes Leben. Ausflüge in die unbekannte Gesellschaft, in der wir leben. München 1995.

* Bischofs, P.: Ich glaube Ihnen! Theorie und Praxis der Validation nach Naomi Feil. In: Heim und Pflege 4/92.

* Blimlinger, E.: Lebensgeschichten. Biographiearbeit mit alten Menschen. Hannover 1996.

Bloch, E.: Das Prinzip Hoffnung (Bd. 3). Frankfurt a.M. 1959.

Borchert, W.: Das Gesamtwerk. Hamburg 1949.

Brecht, B.: Gesammelte Werke (Bd. 11/Prosa 1). Frankfurt a.M. 1967.

Brecht, B.: Ausgewählte Gedichte. Frankfurt a.M. 1964 (Legende von der Entstehung des Buches Taoteking auf dem Weg des Laotse in die Emigration).

Brodkey, H.: Die Geschichte meines Todes. Reinbek 1996.

Brookmann-Nooren, C./Grieb, I./Raapke, H.-D. (Hrsg.): NQ-Materialien. Handbuch Erwachsenenbildung. Weinheim und Basel 1995.

Bufalino, G.: Museum der Schatten. Berlin 1982.

* Chronik der Deutschen. Gütersloh und München ^{3}1995 (Im selben Verlag sind weitere Chronik-Bände erschienen – international, regional oder sachgebietsorientiert).

Demandt, A.: Sokrates vor dem Volksgericht von Athen 399 v. Chr. In: Ders.: Macht und Recht. Große Prozesse in der Geschichte. München 1991.

Depping, K.: Wahnsinn ist auch Sinn. In: Evangelische Impulse 5/92.

Deutsches Zentrum für Altersfragen e.V.: Gerontopsychiatrie und Altenarbeit II. Beiträge zur Gerontologie und Altenarbeit 81, Berlin 1995.

* Diakonia – Internationale Zeitschrift für die Praxis der Kirche: Biographie und Glaube, 26. Jg. 1/1995 (insbesondere die Beiträge von Martina Blasberg-Kuhnke, Maria Kassel, Stephanie Klein und Hermann P. Siller).

Eich, G.: Gesammelte Werke (Bd. 1). Frankfurt a.M. 1973.

Elias, N.: Über die Einsamkeit der Sterbenden in unseren Tagen. Frankfurt a.M. 1982.

* Ende, M.: Ophelias Schattentheater. Stuttgart/Wien 1988.

Enzensberger, H.M.: Allerleirauh. Viele schöne Kinderreime. Frankfurt a.M. 1961.

* Das Erzähl-Café. Ein Überblick. Malplaquetstr. 13a, 13347 Berlin o.J.

Eykman, K. u.a.: Die Bibel erzählt. Freiburg 1978.

Falk, J. (Hrsg.): Unterrichtseinheit in der Altenpflegeausbildung zum Thema Biografie-orientierte Arbeit: Leben in der 1. Hälfte unseres Jahrhunderts. Köln 1992.
Ferenczi, S.: Bausteine zur Psychoanalyse (Bd. IV). Bern/Stuttgart 1964.
Das Tagebuch der Anne Frank. Frankfurt a.M. 1992.
Fried, E.: Es ist was es ist. Liebesgedichte, Angstgedichte, Zorngedichte. Berlin 1983.
Gervink, T.: Biographiearbeit und dialogisches Prinzip in der Altenhilfe. In: Psychiatrie und Altenhilfe, News 1/97.
Grimm, J./Grimm, W.: Kindermärchen und Hausmärchen (3 Bde.). Stuttgart 1980.
* Grom, B.: Methoden für Religionsunterricht, Jugendarbeit und Erwachsenenbildung. Düsseldorf 1976.
* Gugel, G.: Praxis politischer Bildungsarbeit. Methoden und Arbeitshilfen. Tübingen 1994.
Hassenkamp, E.: Ein Halt für die schmale Hand mit der Pergamenthaut. In: Frankfurter Allgemeine Zeitung, 8.6.1996.
Havemann, R.: Fragen, Antworten, Fragen. München 1970.
Heberger, U.: Aufforderung zum Austausch. Biographisches Arbeiten birgt sowohl Chancen als auch Gefahren. In: Altenpflege 2/95.
Heine, S.: Kleines Religiöses Wörterbuch. Wien/Freiburg/Basel 1984.
Heinl, P.: Kontext und Kommunikation: Koordinaten des Genogramms. In: Integrative Therapie 4/88.
Helmbrecht, M.: Generationengespräch. Wie organisiere ich ein »Erzählcafé«? In: Sozialcourage 1/96.
Hikmet, N.: Und im Licht mein Herz. Berlin 1981.
Hirsch, E.C.: Der Witzableiter oder Schule des Gelächters. München 1991.
Holch, C.: Ach, der schöne Ede. Demente Menschen leben in Träumen und in Ängsten. In: Die Zeit 13.9.1996.
* Institut für Sozialarbeit e.V. Frankfurt am Main: Zeugen ihrer Zeit im Frankfurter Erzählcafé. Bonn 1995.
Janka, W.: Spuren eines Lebens. Berlin 1991.
* Jansen, D.: Lebensgeschichte und gesellschaftliche Realität. In: gruppe & spiel 1/84.
Jenrich, H.: Begegnung mit der eigenen Vergangenheit. In: Altenpflege 2/96.
Jonas, I.: Neue Wege bei der Betreuung von Verwirrten. In: Pro Alter 1/95.
Kästner, E.: Als ich ein kleiner Junge war. Zürich 1985.
* Katholische Landesarbeitsgemeinschaft für Erwachsenenbildung: »Lebens-Reise«. Trier
* Kellner, J. u.a.: Fünfzig Jahre Werbung in Deutschland (167 Werbespots von 1945 bis 1995 auf Video). Bezug: Westermann Kommunikation, Stiegelgasse 39, 55218 Ingelheim.
Kelly, G.: Die Psychologie der persönlichen Konstrukte. Paderborn 1986.
Kempowski, W.: Das Echolot: ein kollektives Tagebuch Januar und Februar 1943 (Bde.1-4). München 1993.
Klemperer, V.: Ich will Zeugnis ablegen bis zum letzten. Tagebücher (Bd. 1, 1933-1942; Bd. 2, 1942-1945). Berlin 1995.
Koch, W.: Seeleben I. Frankfurt a.M. 1973.
* Kürsteiner, G.: Ahnen-Zeit. Zum Verständnis der Zeit in der Schicksalsanalyse. In: Integrative Therapie 3/86.
Kuiper, P.C.: Seelenfinsternis. Frankfurt a.M. 1995.
* Meier-Ude, K. u.a.: Kindheit in der Stadt in den 50er Jahren. Gudensberg-Gleichen 1997.
Mitscherlich, M.: Erinnerungsarbeit. Frankfurt a.M.1987.
Niethammer, L.: Lebenserfahrung und kollektives Gedächtnis. Die Praxis der »Oral history«. Frankfurt a.M. 1980.

Nittel, D.: Report Biographieforschung. PAS des DVV, berichte, materialien, planungshilfen. Frankfurt a.M. 1991.
Petzold, H.: Kranke lassen sich nicht »recyclen«. Über das Verschwinden und die Un-wirklichkeit des Krankenhauses. In: Zeitschrift für Humanistische Psychologie 1/2 1982.
Petzold, H.: Mit alten Menschen arbeiten. München 1985.
* Petzold, H./Orth, I.: Therapietagebücher, Lebenspanorama, Gesundheits-Krankheitspanorama als Instrumente der Symbolisierung und karrierebezogenen Arbeit in der Integrativen Therapie. In: Integrative Therapie 1-2/93.
Prevert, J.: Gedichte und Chansons. Reinbek 1973.
Rahm, D./Otte, H./Bosse, S./Ruhe-Hollenbach, H.: Einführung in die Integrative Therapie. Paderborn 1993.
Raulff, U.: Der große Lebenshunger. Erlösende Literatur: Das biographische Verlangen wächst. In: Frankfurter Allgemeine Zeitung 4.3.1997.
Reemtsma, J.P.: Im Keller. Hamburg 1997.
Roth, J.: Hiob. Köln 1992.
Ruhe, H.G. (Hrsg.): Geburt. Ein Lesebuch. München 1988.
* Ruhe, H.G.: Wo hab' ich bloß ... Vergessen und Erinnern im Alter. Kevelaer 1995.
* Ryan, T./Walker, R.: Wo gehöre ich hin? Biografiearbeit mit Kindern und Jugendlichen. Weinheim und Basel 1997.
Samuels, A. u.a.: Wörterbuch Jungscher Psychologie. München 1989.
* Sauter, E.: Kindheit auf dem Lande in den 50er Jahren. Gudensberg-Gleichen 1995.
* Schafiyha, L.: Fotopädagogik und Fototherapie. Beltz, Weinheim und Basel 1997.
Schenk, H.: Lebensläufe. Ein Lesebuch. München 1992.
Schumann, M.: Sozialräumliche und biographische Perspektiven in der Jugendarbeit. In: neue praxis 6/94.
Senn, P.: Bilder aus der Schweiz. Bern 1982.
Sölle, D./Steffensky, F.: Wider den Luxus der Hoffnungslosigkeit. Freiburg 1995.
* Stein, W.: Kulturfahrplan (Bde. 1–6). Frankfurt a.M. 1977.
Stracke-Mertes, A.: Was der alte Mensch heute ist, ist er geworden. Biographiearbeit und ihre Umsetzung im pflegerischen Prozeß. In: Altenpflege 3/94.
Stuart-Hamilton, I.: Die Psychologie des Alterns. Reinbek 1994.
* Schweitzer, P. (Hrsg.): Age Exchange Erinnerungsprojekte für Kinder und ältere Menschen. Köln 1994.
Thomae, H.: Das Individuum und seine Welt. Göttingen ²1988.
Tripp, E.: Lexikon der antiken Mythologie. Stuttgart 1991.
Virilio, P.: Fahren, fahren, fahren … Berlin 1978.
Zeier, H.: Wörterbuch der Lerntheorien und der Verhaltenstherapie. München 1976.
ZEITpunkte 1/96: Keine Angst vor dem Alter. Hamburg 1996.
* ZeitZeugenBörse: Börsenbrief und andere Informationen, Georgkirchstr. 70, 10249 Berlin.
Zimmering, N.: Entblößung des Ichs ... Biographiearbeit mit alten Menschen bedeutet mehr als nur Rückschau halten. In: Altenpflege 7/94.